일본사회의 서벌턴 연구 7

동아시아 트랜스내셔널 서벌턴의 주체화

한국외국어대학교 일본연구소
일본사회의 서벌턴연구 총서 07

일본사회의 서벌턴 연구 7

동아시아 트랜스내셔널 서벌턴의 주체화

고케쓰 아쓰시 · 오카모토 마사타카 · 김경희
문명재 · 김경옥 · 이권희 · 오성숙

제이앤씨
Publishing Company

머리말

　'동아시아의 호모커뮤니쿠스' 문화를 선도하는 한국외국어대학교 일본연구소는 1990년 정식 발족하여 일본의 언어, 문학, 문화, 역사, 정치, 경제 등 인문·사회과학에 관한 종합적인 연구를 통하여 한국에서의 일본 연구뿐만 아니라, 학술지 간행, 학술대회 개최, 다양한 공동 연구 수행을 통해 동아시아 지역 상호 간에 지속 가능한 소통과 상생을 위한 다양한 학술·연구 활동을 전개해 오고 있다. 본 연구총서 <일본사회의 서벌턴 연구 7-동아시아 트랜스내셔널 서벌턴의 주체화>는 본 연구소가 2019년 <일본사회의 서벌턴 연구: 동아시아의 소통과 상생>이라는 주제로 한국연구재단의 인문사회연구소지원사업(1단계 3년, 2단계 3년 총 6년)에 선정되어 진행하고 있는 공동연구의 결과물을 엮은 것이다.

　본 연구팀에서는 연구과제에 참여한 연구진의 연차별 연구성과 및 연구소 주최 학술대회와 콜로키엄에 참가한 외부 연구자와의 교류 성과를 모은 연구총서를 1년에 2권씩 6년간 총 12권을 간행하여 연차별 연구주제에 관한 연구성과물을 유기적으로 엮어냄으로써 본 연구과제의 목적과 성과를 명확히 하고, 이를 외부로 발신하여 제 학문 분야에서 활용할 수 있는 기초적 자료를 제공하고자 한다. <일본사회의 서벌턴 연구 7-트랜스내셔널 서벌턴의 주체

화>는 5인의 전임 혹은 공동연구원과 2인의 초빙 연구자의 연구성과물, 서평을 엮은 그 일곱 번째 결과물이다.

본서 수록 논문을 간략하게 소개하면 다음과 같다.

고케쓰 아쓰시는 <일본 천황제 하의 서벌턴>을 통해 '종속적 사회집단' 혹은 '하층민중'으로 정의되는 서벌턴의 존엄과 권리 회복을 위한 방법과 사상의 도출을 통해 서벌턴 스스로가 자기실현을 위해 몰주체적 지위에서 벗어나 주체를 되찾는 것, 그리고 지배와 종속의 관계를 바로잡을 수 있는 방안을 모색하고 있다. 구체적으로는 일본의 전쟁 전과 후의 차별 사례를 다루면서, 거기에 잠재된 천황제와 서벌턴의 관계에 대해 논의한다. 또한 동아시아 초국가적 서벌턴이 그 지역성과 국가 간 관계의 복잡성, 그리고 제국주의 일본인의 배타적 민족주의와 제국의식 등 다양한 소외 요인 속에서 극도로 비인권적인 환경에 놓여있던 역사적 사실에 대해 살펴본다. 이러한 과제에 직면함으로써 피차별자로서의 서벌턴의 주체성을 되찾을 수 있는 길을 제시한다.

오카모토 마사타카의 <일본 Nation Building의 탈구축−비(非)야마토 민족 서벌턴의 주체화 시도에 주목하면서>는 일본의 민족(관념)을 둘러싼 혼란을 검증하고, 야마토 중심 Nation Building을 이즈모와 에미시, 구마소의 시점에서 재검토함으로써 일본인 내부의 다양성을 규명하면서 이들 비(非) 야마토 서벌턴의 주체화 시도 속에서 민족의식의 탈구축(deconstruction)의 가능성을 찾아보고자 했다.

김경희의 <정치적 주체의 불/가능성−오키나와 서발턴의 '자기결정권'>은 오키나와라는 공간에 주목하여 오키나와인들이 자신

6

들의 주체적인 주장과 의사에도 불구하고 여전히 차별과 폭력의 굴레로부터 벗어나지 못하는 상황을 서발턴적 시각에서 접근해보고자 한 것이다. 구체적으로 그들이 놓인 구조적 차별의 상황이 어떤 것이었는지, 그들의 주체적 말하기는 가능하였는지, 그것을 저해하는 요인이 무엇이었으며, 그것을 극복해 가는 과정을 통해 정치적 주체로서의 실천은 가능한 것인지에 대해 생각해보고자 하였다.

문명재의 <改名으로 본 在日 트랜스내셔널 서벌턴의 삶>은 역사적으로 보았을 때 일본 사회에서는 성(姓) 또는 이름과 관련하여 다른 국가나 민족과 다른 특성이 보인다는 점에 착안하여, 고대로부터 근현대에 이르기까지 시대적 상황에 따라 일본으로 건너간 한국인들의 이름을 분석하여 그들의 삶과 사회적 위상을 통시적으로 조명해 보고자 하였다.

김경옥의 <일본 유아교육에서의 ICT 교육과 휴머니티−서벌턴 측면에서의 고찰>는 일본 내 ICT 교육의 현상과 휴머니티의 상호연관성과, 일본의 유아교육과 관련하여 ICT 교육을 부정해 왔던 상황에서 긍정적으로 실천하고자 한 경위를 알아보고, ICT 교육의 제상에 대해 개관한다. 또한 교육의 수혜자이면서도 교육의 선택권을 발휘할 수 없는 유아의 입장을 서벌턴 개념으로 조명해보고, 유아를 대상으로 하는 ICT 교육의 시행이 초래할 수 있는 상황을 추론해보고자 하였다.

이권희의 <트랜스내셔널 서벌턴의 '주체화'에 관한 고찰−오키나와의 조선인 일본군 위안부 배봉기의 사례를 중심으로>는 일본 내 '조선인 일본군 위안부' 배봉기를 대상으로 종래의 정치적 역학 관계나 '국가'와 '민족'을 중시하는 한국 내 주류 담론의 흐름에 함몰됨 없이, 트랜스내셔널 서벌턴으로서의 조선인 위안부 배봉기라는 한 개인의 삶에 초점을 맞춰 지금까지 경시되었던 일본 사회 속 조선인 일본군 위안부 피해자의 주체화 과정에 대해서 그 가능성과 한계를 고민한다. 이를 통해 일본 사회의 소외된 마이너리티로서 서벌턴의 '예속성(Subalternity)'을 이해하고, 그들의 행위와 역사를 공적 주체자로 자리매김할 수 있는 가능성을 모색해 보고자 하였다.

오성숙의 서평 <오세종의 『오키나와와 조선의 틈새에서』를 통해 본 트랜스내셔널 서벌턴 고찰ー식민지주의 위계질서 속 오키나와의 조선인>은 미국/ 일본/ 한국, 그리고 오키나와의 틈새에서 중첩되는 억압적 구조 아래 놓인 오키나와의 조선인에 주목하며 작성한 서평이다. 오키나와의 조선인은 무국적자로 최하위에 위치하는 서벌턴이다. 식민주의적 질서 안에서 서벌턴 오키나와인은 피해성과 가해성이 복잡하게 얽혀 있음을 확인할 수 있다. 또한 오키나와의 오키나와인, 조선인 안에서도 계층화, 서열화가 이루어지면서 하위의 서벌턴을 계속 생산해낼 수 있음을 볼 수 있다. 오성숙은 최근 한국 사회에서 활발히 진행되고 있는 재일조선인 연구, 오키나와 관련 연구의 두 접점을 연결하면서 일본/한국/오키나와/미국 그리고 아시아로의 자기장을 넓히는 연구라는 점에서 일독의 가치를 발견하고 있다.

이상 7편의 연구를 살펴보았는데, 한일 양국의 서벌턴 문제는 역

8

사적 사건을 공유하며 정치·경제적으로 복잡한 관계망 속에 초국
가적으로 얽혀 있다. 서벌턴은 시대와 지역을 막론하고 사회체제
의 최하층과 말단 주변부에 존재해왔으며 지금도 존재하고 있다.
이에 한일의 역사적, 문화적 특수 관계 속에서 핵심 관련자인 일본
의 서벌턴 문제에 천착하여 창출한 연구성과를 엮은 본서는 궁극
적으로 한국 사회의 서벌턴 문제를 이해하고 해결할 수 있는 단서
를 제공할 수 있을 것으로 기대한다.

마지막으로 연구자 여러분과 이 책이 세상에 나올 수 있도록 출
판을 허락해주시고 이렇게 멋진 책으로 만들어주신 제이앤씨의 윤
석현 대표님, 실제로 실무 작업을 맡아주신 최인노 과장님께 감사
의 마음을 전한다.

2024년 5월
연구진을 대신하여
박용구

차례

제1장

일본 천황제 하의 서벌턴

고케쓰 아쓰시(纐纈厚)

1. 머리말 – 서벌턴론에 대한 접근

탈식민주의 혹은 포스트식민사회론을 이야기할 때 안토니오 그람시(Antonio Gramsci, 1891~1937)가 도입한 서벌턴(subaltern)의 정의는 한국과 일본을 포함하여 세계 각국에서 활발히 진행되고 있는 서벌턴 연구에서 다의적인 해석이 확산되고 있다. 주지하다시피 대략 사반세기 전에 그람시가 마련한 서벌턴이란 군사적 수사로서 '하급 장교·하사관'을 의미하며, 정치적 수사로서 지배계급에 대한 종속제 계급을 일괄적으로 나타낸다.

다시 말하면 정치 시스템에서의 '지배'(중심)에 대해서 '비지배'

(주변)에 위치한 '종속적 사회 제집단', 혹은 '하층 민중'을 뜻하는 용어를 서벌턴이라고 한다. 서벌턴은 본래 군대 내 계층 중 군조(軍曹)나 병장에 상당하는 '하사관'을 뜻한다. 지배자인 상관과 복종자의 하사관이라는 주종관계에 준하여 지배와 복종의 관계성을 나타내는 개념으로 널리 사용되어 왔다. 그 용어가 오래전부터 정치 시스템이나 식민지 지배 시스템, 나아가 탈식민주의의 문제를 규명하는 데 필수적인 용어로 빈번히 도입되었다.

지배와 복종의 구조성·관계성 때문에 서벌턴은 항상 몰주체적인 존재이며, 정치의 전면에 나서는 것은 허용되지 않는 존재로 정의되어 왔다. 그래서 서벌턴은 역사상 단편화되고 모호한 존재로 묘사되어 확정된 정치적 역사적 존재가 될 수 없었다. 그러한 위치에 존재시킴으로써 반대로 지배 엘리트의 존재가 확정되어 왔다. 그러한 관계성이 노골적으로 드러나는 것이 식민지 지배에서의 식민지자와 피식민지자의 관계성이다. 그러한 식민지의 정치적 역사적 본질을 문제 삼아 그 관계성을 철저히 끊고 서벌턴으로서의 피식민지자의 인권을 회복시키는 연구야말로 서벌턴 연구의 목적으로 여겨져 왔다.

그람시가 말하는 서벌턴 정의에 특징적인 것은 계급 개념에 의해 해석되고 있다는 점이다. 말하자면 서벌턴 계급론이다. 마르크스주의자인 그람시로서는 서벌턴이 피지배계급이며, 그 서벌턴이 스스로의 계급의식을 충분히 자각하지 못하고, 그 때문에 역사 속에서 스스로의 존재 근거를 발견하려고 상기하지 않았다는 점, 거기에서 몰주체적인 존재와 무의식 속에서 자기규정을 해버리고 있다는 점에 주의를 환기시켜 왔다.

그리고 그런 상황으로 몰아넣고 있는 지식인들의 책임을 엄중히 묻고 있다. 즉, "'서벌턴 연구'에 속하는 (남성) 지식인들이 역사 기술에 주체화를 실시함으로써 서벌턴을 고정된 주체로서 산출하고, 서벌턴이 되어 말을 하고, 그 결과 이중으로 서벌턴을 배제하고 있지 않은가, 라는 문제이다."라고.[1] 즉, 현재의 서벌턴연구는 '종속적 사회 제집단' 또는 '하층 민중'으로 정의되는 서벌턴의 존엄과 권리 회복을 위한 방법과 사상을 연출하는 중요한 과제가 되었다. 동시에 서벌턴 자신이 자기실현을 위해 몰주체적인 지위에서 변위하여 주체를 되찾고 지배와 종속의 관계를 시정함으로써 민주주의나 평등주의를 기초 원리로 하는 사회구성체의 한 주역으로서의 지위를 획득하는 방도를 찾고자 하는 것이다.

2. 세 가지 과제

첫째, 시대를 소급하여 1903년 3월 일본 오사카에서 개최된 내국권업박람회(内国勧業博覧会)에서 일어난 '인류관 사건(人類館事)'을 소재로 다룬다. 사건은 일본인들이 류큐인(琉球人, 오키나와인), 대만인, 중국인, 조선인, 아이누 등의 사람들을 '전시'한 것으로 일본 안팎에서 큰 비판을 받아 '전시'를 중지하게 되었던 것이다. 전시 중에

---

1   崎山政毅(2001) 『サバルタンと歴史』, 青土社, p.42.

발생한 '피차별자'에 의한 차별 문제에 초점을 맞춘다. 류큐인, 대만인, 중국인, 조선인, 아이누 등을 우선 동아시아 트랜스내셔널 서벌턴으로 하여 본래는 그 주체를 확보해야 하지만, 피차별자가 스스로의 피차별성으로부터 해방되기 위하여 지배자(=일본)로의 동화를 시도하고, 지배자의 교화에 적극적으로 따름으로써 주체성 회복의 기회를 스스로 포기해 버린 사례이다. 다시 말해 주체화 행위로서의 일본인화와 자기차별화이다. '말할 수 없는' 서벌턴의 존재를 조사함으로써 주체화의 어려움과 동시에 동화와 교화의 표리일체성에 대해 논한다.

둘째, 이상의 사건의 근저에 존재하는 일본 천황제와 서벌턴의 관계성에 대해 논한다. 철저한 히에라르키에 의해 성립되는 천황제는 차별구조를 재생산함으로써 기능하는 통치시스템이다. 그것은 일본인뿐만 아니라 식민지 대만과 조선의 피식민지자에게도 도입되었다. 그곳에서 동아시아 트랜스내셔널 서벌턴들은 신체적으로나 정치적, 문화적으로 식민지인들에게 포섭되어 갔다. 그 구조와 담당자에 대해서도 언급하면서, 여기에서는 일본 국내의 피식민지자라고도 할 수 있는 오키나와인이나 아이누, 일본 국외의 피식민지자들, 말하자면 서벌턴들이 점차 '말할 수 있는' 서벌턴으로서 동아시아 전역에서 주체화를 획득해 갔는지에 대해 서술한다.

셋째, 서벌턴의 주체화는 순조롭게 진행된 것이 아니다. 무엇을 주체화의 증거로 삼느냐에 따라 다르지만 주체화의 평가는 한결같지 않다. 그 주체화만 하더라도 소외·배제 등 지배가 반복되는 정치 권력의 행사로 인해 알맹이가 없어지는 현실과 마주하지 않을 수 없었다. 동아시아 트랜스내셔널 서벌턴은 그 지역성이나 국가 간 관계의 복잡성, 또 제국 일본인의 배외 내셔널리즘이나 제국 의식 등 다양한 소외 요인 속에서 지극히 비인권적 환경에 놓이게 되었다. 그렇기 때문에 동아시아 서벌턴끼리의 제휴와 교류는 지극히 제약적일 수밖에 없었다. 이런 악조건 속에서조차 말하고 행동하는 주체성이 엿보인다. 거기에서 기능한 '상생'의 이데올로기에 대해서도 언급하고 싶다.

3. 인류관(人類館) 사건
– 같은 아시아인에 대한 차별의 상징적 사례로서

3.1 '학술인류관'이라는 이름의 '인간 전시'

청일전쟁에서 승리해 대만과 펑후제도(澎湖諸島)를 영유해 식민지 보유국이 되었던 제국 일본은 1902년에 영일동맹을 체결해 구미 선진국과 대등한 강국의 지위를 획득하려 했다.  그 과정에서 산업의 발전상을 대내외에 보여주기 위해 개최된 것이 러일전쟁 개시 전년인 1903년 3월부터 7월까지 오사카시 덴노지(天王寺)에서 정부 주최하에 개최된 내국권업박람회(이하 '내국박'이라 약칭)였다.[2] 그 박람회장에 설치된 '학술인류관'에는 구경거리로 류큐인, 아이누와 대만 원주민들이 '전시'되었다(사진 참조).

당시의 설치 취지서에는 '생식(生息)의 계급이나 정도, 인정, 풍속 등의 고유한 상태를 나타내는 것은 학술상, 상업상, 공업상의 참고로서 유요(有要)'라고 기록되어 있었다. 거기에서는 인류학 연구를 평계로, 최근의 이인종, 즉 홋카이도의 아이누, 대만의 고산족(生藩)[3], 오키나와현(류큐인), 조선(대한민국), 청국(지나), 인도, 자바, 바르가리(벵골), 터키, 아프리카 등 총 32명의 사람들이 민족의상을 입고 전시 대상에 올랐다. 그것은 살아있는 인간을 구경거리로 전시하는 기획이었다. 전시 목적에는 전시된 사람들을 가난한 존재로 규정하고 일본 문화나 문명의 우위성을 과시함으로써 식민지 지배를 정당화하려는 의도가 있었다. 그 실정을 당시에 발행되었던 『풍속화보』(제269호, 1903년)에는 "내지에 가까운 이인종을 모아 그 풍속, 기구, 생활의 상황 등을 보여주려는 의도로 홋카이도의 아이누 5명, 대만 생번 4명, 류큐 2명, 조선 2명, 지나 3명, 인도 3명, 동 기린인종 7명, 자바 3명, 벵골 1명, 터키 1명, 아프리카 1명, 도합 32명의 남녀가 각 나라의 거주지를 본뜬 일정한 구역 내에서 단란하면서

---

2 내국권업박람회는 1877년에 제1회가 개최된 이래, 제2회(1881년), 제3회(1890년), 제4회(1895년)로 이어졌고, 제5회(1903년)가 동년 3월 1일부터 7월 31일까지 개최되어 내관 인원이 530만 松田京子編(2003)『帝国の視線—博覧会と異文化表象—』, 吉川弘文館, p.17.

3 중국, 대만성의 원주민 제종족을 말한다. 그 중 한족화된 것을 숙번(熟蕃), 그렇지 않은 것을 생번(生蕃)이라 부르고 중앙의 교화를 따르지 않는 사람들로 규정하였다.

일상의 기거동작을 보여주는 것에 있다."라고 기술되어 있다.

요컨대 '인간 전시' 기획의 배후에는 식민지 보유국가가 된 제국 일본이 동아시아지역의 민중을 제국 일본의 하위에 위치시키고, 일본 천황을 정점으로 하는 천황제국가 일본의 히에라르키를 구조화·안정화시키는 데 주안점을 두었다. 제국 일본에게는 식민지 대만도, 국내 피식민지자라고도 할 수 있는 류큐인이나 아이누도, 그 히에라르키를 완결하기 위해서는 절대적으로 필요한 대상으로 카운트되었다. 그리고 인도, 인도네시아, 바르가리[4] 등 동아시아 지역의 민중도 그 테두리 안에 포섭함으로써 제국 일본의 강대함을 어필하고 일본 국민에게 우월의식을 주입하는 기회로 삼았다.

3.2 식민지 지배의 성과 과시와 정당성의 강조

이 대만관을 둘러본 사람은 "다리를 한 번 이 관 안에 들여놓으면, 즉 작은 대만 안으로 들어온 것 같아 우고좌면할 것 없이 우리나라의 국위가 얼마나 위대한지를 감득할 수가 있다."는 소감을 밝혔다고 한다.[5] 이 대만관을 포함하여 식민지 파빌리온은 제국 일본인의 우월감에 가득 찬 자기 인식을 주입하는 장치로서 정부의 의도대로 기능했다. 그것을 통해 우월의식의 심화와 차별 감정의 고착화가 진행되어 가고, 동시에 문명이 야만을 교화·지도하는 것을 당연시하는 자세가 확립되어 간다.

---

4 뱅골 지역.
5 松田京子編(2003), 前揭書, p.55.

특히 여기서 인용한 인류관은 식민지 보유국가가 된 제국 일본의 식민지 이데올로기를 확산시켜 제국 일본 내외의 사람들에게 주입해가는 공간이 되었다. 제국 일본이 동아시아인들을 지배·교화해 나가는 전형적인 수단으로 이 '식민지 파빌리온'이 중용되었다. 일본인 관람객은 이를 통해 식민지자로서의 의식을 고양시키고 동아시아 트랜스내셔널서벌턴에 대한 차별의식을 한층 더 심화시켜 나가는 기회가 되었다. 반대로 동아시아 트랜스내셔널서벌턴에게는 침묵을 강요당하고, '이야기'를 봉인당하는 공간이었다.

그러나 전시에 대한 항의가 일어난다. 그것은 당사자들의 의식을 떠나 그 항의가 내포하는 문제로서 천황제에 대한 이의 제기가 될 수 있는 위험성을 포함하는 것이었다. 그중 가장 격렬한 항의를 한 곳이 청국과 오키나와였다. 그 한편으로 아이누는 전시에 대한 적극적인 관여를 나타냄으로써 지위의 보전을 도모하려고 했다. 먼저 오키나와로부터의 항의 내용을 요약하면 다음과 같다.

항의의 발단은 '인류관'을 견학한 오키나와현인이 '우리를 생번 아이누시하는 것이다'라는 제목으로 『류큐신보(琉球新報)』(1903년 4월 11일자)에 보내온 한 통의 투서였다. 요컨대 투고자는 오키나와인을 대만의 생번(고산족)이나 홋카이도의 아이누와 동일시하는 것은 잘못되었다고 하면서, 생번이나 아이누는 오키나와인보다 하층인들이라고 하는 것이었다. 이 투서를 포함하여 오키나와로부터의 항의 주도자는 오키나와 출신의 저널리스트였던 오타 조후(大田朝敷)[6]였다.

오타는 "우리들은 일본 제국에 이러한 냉혹한 탐욕스러운 국민이 있음을 부끄러워하라. 그들이 타부현의 이상한 풍속을 전진(展陳)하지 않고, 특히 대만의 생번, 북해의 아이누 등과 함께 본현인을 고른 것은, 이것은 우리를 생번 아이누시하는 것이다. 나에 대한 모욕, 이보다 큰 것은 없을 것이다."[7]라고 썼다. 오타의 주장에도 차별의식이 적나라하게 나타나 있었다. 오키나와인은 대만인이나 아이누보다 상급 인간이라고 주장을 하는 것은 피차별자가 다른 피차별자를 차별한다는 차별의 중층성을 나타내는 것으로, 말하자면 '피차별 내 차별'이라는 심각한 문제를 내포하고 있었던 것이다.

실은 인류관 사건 속에서의 오키나와인의 대응에 대해서는 전후부터 현재까지, 특히 오타의 동화론에 대한 비판적인 논의가 축적되어왔다. 즉, 일본인에게 동화됨으로써 차별로부터 해방되고 싶다는 욕구나 감정의 극복 없이는 오키나와인의 정체성은 확립되지 않고, 오키나와인으로서의 자기 긍정감은 생기지 않는다는 과제를 직시할 필요성을 통감하는 오키나와인들의 언설이다.

3.3 중국·조선으로부터의 항의

청나라로부터는 중국인 유학생이나 중국 주재 고베 영사관 관원들의 항의가 있었다. 청나라와의 외교관계를 중시하던 정부는 외교

---

6 오타 조후(太田朝敷, 1865~1938년)는 오키나와의 신문인, 정치가. 1882년 오키나와현 유학생으로 자하나 노보루(謝花昇) 등과 상경. 게이오대학에 진학하여 후쿠자와 유키치의 가르침을 받는다.

7 『류큐신보』, 1903년 4월 11일자.

문제로 발전하는 것을 경계하여 전시 예정이었던 아편 흡입 남성과 전족여성 중국인의 전시를 중단하기로 했다. 인류관 전시는 『일본(日本)』과 『국민신문(國民新聞)』 등에도 널리 소개되면서 여론의 관심을 끌게 되었다. 이에 일본 유학 중이던 중국인 학생들이 그 차별적 양상을 감지하고 항의 활동을 시작했다. 그 활동은 청국 공사로부터 일본 외무성에 대해 중지 신청이 이루어지는 등 외교 문제로 발전해 간다. 그 결과 '지나인'의 전시는 보류되었다.

그런가 하면 1903년 3월 10일 개회 이후 같은 달 18일 인류관을 참관한 한국인이 '조선인'의 전시를 확인하고 오사카부 경찰부장에게 항의를 하였다. 일본 외무성은 한국 공사의 항의를 받고 결국 외무대신 오무라 주타로(小村寿太郎)의 이름으로 청국 및 한국인의 전시를 중지시켰다.[8] 단지 여기에서도 앞서 말한 오키나와인의 항의 내용에 공통되는 과제가 부상한다. 즉 청국인 또한 아이누 등 자신들의 위치보다 하위에 속한다고 인식하고 있는 '인종'과 동렬에 두었다는 불만에 따른 항의였다. 이미 '인류관 사건'을 다루는 수많은 논고에서 지적된 바 있지만, 스스로에 대한 차별에 항의하면서도 또 다른 '인종차별'에 대해서는 무관심하다는 점이다. 즉, 차별자에 대한 항의였지만, 그것은 피차별자가 차별자가 됨으로써 자신의 열등의식으로부터 해방되려는 의식이었다.[9]

---

8 오키나와인, 청국인, 한국인으로부터의 항의와 일본 외무성의 대응 내용에 대해서는 福田州平(2013)「土倉員会における「文明」と「野蛮」の階梯—人類館事件をめぐる清国人留学生の言説—」, OUFCブックレット1, 『大阪大学 中央文化フォーラム』 등을 참조 바람.

9 중국인의 복잡한 정신구조 혹은 언설에 대해서는 坂本ひろ子(2004)『中国民族

　말하자면 '차별자 내 차별'이라는 왜곡된 의식의 표명이었고, 그것은 천황제 지배원리에서 보자면 차별의 다층구조를 마련하는 것이었다. 그 행위는 천황제 시스템을 재강화하려는 의식이라 할 수 있었다.

　또 하나의 문제가 있다. 그것은 중국인 유학생들의 항의가 인류관 전시에서 '지나인'과 '대만인'이 동렬에 놓인 것에 대한 항의 내용이었다. 식민지인이 아닌 청국인이 식민지인 대만인을 동렬에 둔 것에 대한 이의제기였다. 거기에는 피식민지자에 대한 경멸과 인간 부정의 의식이 개재되어 있다. 대만 총독부가 설치한 대만관에서는 전족여성이 웨이트리스로 고용되어 있었는데, 중국인의 항의는 이 전족여성의 처지가 아니라 중국인이 대만인과 동렬에 놓인 것 자체에 대한 항의였다. 중국인 유학생들은 스스로를 문명인으로, 대만인을 야만인으로 정의함으로써 서열화를 원했던 것이다. 차이화·서열화에 대한 강한 지향성이야말로 천황제 지배가 아시아 지역에까지 미치는 것을 가능하게 한 의식이었다.

　여기서 문제로 지적해야 할 것은 중국인이 대만인을 차별하고 대만인이 생번을 차별한 것처럼 류큐인이 아이누를 차별하는 차별의 계층화 지향 속에서 결국은 주체성을 빼앗기고 주체성 회복을 위해 목소리를 내지 못한 존재였다. 이와 관련하여 사카모토 히로코는 "이러한 항의에 의해 겹겹이 헐뜯긴 존재는 오히려 항의의 소리를 내지 못했을 것이라는 것도 상상이 가는 것이다."[10]라고 하며

主義の神話―人種·身体·ジェンダー』, 岩波書店; 厳安生(1991)『日本留学精神史』, 岩波書店 등을 참조 바람.

본래 정당해야 할 항의가 실은 서벌턴들의 발언의 기회를 빼앗아 간 것에 무관심했던 것을 지적한다.

4. 일본 천황제의 식민지 지배와 서벌턴

4.1 일본 천황제와 서벌턴

청일전쟁에서 승리한 일본 천황제는 그동안 경모의 대상이었던 중국에 대한 시선을 크게 바꿔 놓았다. 일본 승리의 이유로서 '문명' 대 '야만'의 싸움이었고, 일본 승리는 문명의 승리로 하는 전쟁의 총괄이 공공연히 개시되었다. 당시 일본 언론이 여론으로 성행했던 중국 분열론과 중국 보호국론도 그런 중국 멸시론으로 귀결되어 갔다. 거기에는 일본이 오랫동안 구미 제국으로부터 하위 국가로 인식되었던, 그 피차별성을 완화화(緩和化)하고 싶은 욕구가 강하게 나타나 타자에 대한 차별성과 가해성에 대한 깨달음이 상실되어 갔던 것이다.

여기에서 문제는 차별 내 차별의 문제이며, 서벌턴의 대등화의 어려움이다. 즉, 반복한 것처럼 오키나와인은 대만인이나 아이누와 동렬에 놓이는 것에 이의를 제기하고, 스스로가 피차별자적 존재로부터 차별자의 편에 서려고 한 것이다. 오키나와인은 일본인

---

10 坂本ひろ子(2004), 前揭書, p.75.

화하는 것, 즉 일본에 동화함으로써, 자신의 위치를 대만인이나 아이누보다 상위에 두려고 했다. 서벌턴으로서의 동일성보다 차별성으로의 변용을 지향한 것이다. 이러한 문제에 대해서 노무라 히로야(野村浩也)는 '인류관 사건과 동화에의 유혹'이라는 제목의 논고에서 다음과 같이 말하고 있다.

> "인류관에서 일본인들은 오키나와인과 다른 피식민자들을 폭력적으로 전시했다. 이처럼 편견이나 멸시가 권력과 일체화되는 것을 차별이라고 한다. 반대로 권력이 없으면 차별은 불가능하다. 오키나와인이 일본인을 전시하는 일이 없었던 것은 그 때문이다."[11]

노무라가 지적하는 것처럼 서벌턴 내부에서도 일부라고는 해도 오키나와인이 일본인과 마찬가지로 차별자가 되어 간 역사 사실이 있다. 오키나와인의 반발이나 이의 제기는 일본인에게 본래 향해야 할 부분이 대만인이나 아이누인에게 향한다는, 모종의 변절이 이루어진다. 바로 억압의 이양원리라 할 수 있다. 차별 받는 것에 대한 분노를 상승시키는 것이 아니라 하강시키는 것이다. 서벌턴의 주체화 문제와 관련해 어떤 지적이 가능할까.

---

11 野村浩也(2005) 「人類館事件と同化への誘惑」(演劇 「人類館」, 上演をさせたい会編, 『人類館 封印された扉』, アットワークス, p.24.

4.2 지배와 복종의 관계성

'식민지 파빌리온'이라는 공간과 동시에 해당기 제국 일본의 식민지였던 대만과 조선에서는 일본에서 파견된 식민지 엘리트로서의 관료들이 압도적인 정치권력과 권한을 보유하고 식민지 통치를 실시하였다. 그 현실 정치 시스템 속에서 피식민지자로서의 서벌턴들은 복종을 강요당하고 일부를 제외하고는 압정 아래 빈곤을 감수하며 정치적 주체성을 박탈당한 상태에 계속해서 놓여졌다. 항상 식민지 지배를 전시적 통제하에 민주주의나 평등주의가 부상할 기회를 찬탈하는 역할을 담당했던 식민지 관료들. 거기에 지배와 피지배, 통제와 복종의 이항대립을 구조화하여 유사안정성을 확보하는 식민지 지배시스템이 완성되어 간다.

식민지사 연구 중에서 기존의 역사 연구는 식민지자인 식민지 권력의 실태 해명에 초점이 맞춰지는 경향이 강하여 피식민지자에 대한 시선은 뒤로 밀려나는 경우가 상태화(常態化)되어 왔다. 필자도 식민지사 연구에 종사해 온 한 사람이지만 그런 점에서는 내심 떳떳하지 못한 생각을 품어 왔다. 이제 식민지사 연구는 역사학뿐 아니라 정치학 법학 문학 등 다영역의 종합성 속에서 연구가 진행되고 있다. 문자 그대로 학제간 연구 속에서 서벌턴과 대상이 되는 사람들의 여러 집단의 과거와 현상, 미래가 검토되어 온 것이다. 거기서 항상 질문받아 온 것이 식민지 권력과 피식민지자와의 지배와 복종의 상관관계 속에서 식민지라는 정치적 공간에서의 피식민지자의 존재와 피식민지자의 존엄이나 인권의 문제를 어떠한 방법으

28

로 접근할 수 있는가 하는 과제이다.

아냐 룬바(Ania Loomba, 1955~)는 "식민지 권력은 감쪽같이 피식민자들을 침묵시켰는가? 식민지 지배 권력의 파괴적인 힘을 강조할 때, 우리는 피식민자를 말대꾸조차 할 수 없을 정도로 무력한 희생자의 위치에 놓이게 된 것일까?"[12]라고 물으면서, 서벌턴의 위치에 대해 '말할' 수 있는 존재성과, '무력한 희생자'라고 규정 가능한 양면성, 즉 앰비벌런트한 존재임을 인식해야 한다고 주장했다. 룬바는 어느 한쪽에 안이하게 판단하는 것을 경고하고 있는 것 같다. 다시 말해 피식민자의 종속성을 강조함으로써 서벌턴으로 대상화하고, 압도적인 식민지 권력을 절대적 권력으로 규정함으로써 식민지의 실체로 몰아가는 것이 아니냐는 반문이다.

실제로 필자가 오랫동안 추진해 온 식민지 관료 연구는 그 점에서 지배 엘리트에 착안한 것이며, 피식민자의 존재는 자료를 통해 실체화하는 데에 신경을 쓰기는 했다. 그러나 그들, 그녀들의 '이야기'에 정면으로 귀를 기울일 궁리나 기회를 마련하기에는 부족했다. 동시에 피식민지자에게 침묵을 강요한 정치통치 시스템으로서 천황제가 기능하고 있었음은 주지하는 바와 같다.

4.3 천황제 하에서 서벌턴의 '변위'라는 과제

앞서 인용한 1903년 3월 1일 개최된 내국권업박람회에서는 개

12　アーニャ・ルーンバ, 吉原ゆかり訳(2001)『ポストコロニアル理論入門』, 松柏社, p.278.

최 후인 4월 20일에 메이지 천황이 참석(임석)하여 개회식이 거행되었다. 내국박의 개회자는 천황이며, 그것은 천황제 시스템이 무엇인지를 내외 민중에게 주지시키기 위한 장치이기도 하였다. 강도의 히에라르키 구조를 기본원리로 하는 천황제의 본질인 '지배와 복종', '문명과 야만', '선진과 후진'이라는 이항관계 또는 차이관계를 가시화하는 장으로서 내국박에서 '인류관'이 설치 운영되었다.

그것은 제국 일본 국내를 넘어 피식민지자나 피지배자를 복종·야만·후진이라는 꼬리표를 공공연히 붙여 지배의 정점에 위치한 것이 일본 천황임을 보여주는 기회였다. 그런 의미에서 복종·야만·후진의 용어로 표상된 사람들을 서벌턴이라고 한다면, 일본 천황제란 서벌턴의 존재에 의해 비로소 히에라르키 구조가 성립되는 일대 정치 장치였던 것이다. 그런 의미에서 서벌턴의 주체화란 이미 기술했지만 동시에 천황제 지배원리 및 천황제 시스템에 대한 이의제기로 이어질 가능성을 내포한 문제였다. 필자가 서벌턴 연구에서 가장 큰 관심을 갖는 것은 천황제 시스템에 대한 이의제기 기회를 서벌턴이 가져갔느냐는 질문이다. 이 점에 관해서 그람시의 "서벌턴이 단순한 '시민사회의 한 함수'로서 수동적 분자적 요인에서 벗어나 지배적 헤게모니에 대한 종속성을 극복하고 주체적인 자율성을 형성, 발전시켜 나가는 장으로서의 시민사회라는 것이고, 동시에 그것은 서벌턴을 배제 내지 주변화하는 '국가/시민사회'의 지배적 헤게모니 관계를 변혁할 뿐만 아니라, '정치사회의 시민사회로의 재흡수' '자기규율적 사회' '자기통치사회' 형성을 위한 맹아적 제력을 연성하는 영역, 차원이다."[13]라는 지적에 집착하고 싶다.

그람시는 서벌턴의 여러 집단이 종속성에서 벗어나 지배적 집단으로 '변위(transformation)'할 가능성에 대해 강한 관심과 기대를 갖고 있었던 것이다. 바로 정치운동론으로서의 서벌턴론이다. 이 정치운동론의 관점을 응용하여 지적한다면 천황제 하의 피식민자, 다시 말해 인류관 사건으로 표상된 동아시아 트랜스내셔널 서벌턴이 강고한 계제(階梯)사회(히에라르키 사회)였던 천황제하에서 천황제를 상대화하고 종속도를 완화하면서 공생사회를 향해 주체성을 발휘할 가능성을 논하는 것으로 이어질 것이다. 그리고 거기에서는 어떻게 하면 주체화를 전망할 수 있는지, 혹은 할 수 있었는지를 역사학이나 정치학 등 다영역의 학문연구로부터 검증하는 것은 매우 중요한 과제가 된다. 그것은 천황제하의 제국 일본이 주도하는 서벌턴의 배제나 주변화하는 '국가/시민사회'의 지배적 헤게모니 관계를 변혁할 가능성을 거기에서 발견했을 경우, 천황제 시스템의 강인함에 대항하여 그 강인함을 상대화하는 주체로서의 서벌턴의 재정의는 향후의 역사 과제인 동시에 운동론적이고 사상론적인 과제가 되기도 한다.

---

13 松田博編(2011) 『グラムシ「獄中ノート」著作集Ⅶ 歴史の周辺にて「サバルタンノート」注解』, 明石書店, pp.102-103. 일본의 대표적인 그람시 연구자인 마쓰다 히로시는 『グラムシ思想の探求 ヘゲモニー・陣地戦・サバルタン』(新泉社, 2007)의 '第4章「南部の記憶」から「サバルタンの痕跡」へ'와 '第5章 サバルタンと「ホモ・ファーベル」問題の射程」에서 서벌턴 연구의 기본적 명제가 어디에 있는지를 시사하고 있다.

4.4 천황제는 서벌턴이 지탱하는 정치시스템

천황제와 서벌턴의 관계에 대해 다른 각도에서 이야기해 보자. 주지하다시피 일본 천황제는 일본 고유의 정치 통치 시스템이지만 이 시스템을 항구화하기 위한 다양한 연출이 이루어지고 있다. 천황제 시스템을 용어로 사용하는 '팔굉일우(八紘一宇)'란 일본인뿐만 아니라 제국 일본의 사방팔방(=주변)에 위치한 사람들을 집합시켜 천황 아래 하나의 세계(=일우)를 형성하는 것을 의미한다. '팔굉일우'란 무한(=팔)으로 넓은(=굉) 지역의 사람들을 하나의 세계(일우)로 묶는 역할을 하는 존재로서 일본 천황의 역할을 규정하는 용어이다. 따라서 일본 천황제에 집합하는 사람들은 천황 아래에서는 유사평등성이 담보된다고 한다. 그러면 천황제에 종속되는 피식민지자 혹은 타국민은 일본인적인 국민성으로 자기혁신하여 '2등 일본인'이 되거나, 그것을 떳떳하지 못한 경우에는 배제되게 된다. 즉, 이소자키 준이치(磯崎純一)는 "다른 국민은 본래적으로 다른 아이덴티티를 가지고 있기 때문에 기대되는 일본인적인 국민성으로 스스로를 개편하여 2급 국민이 될지, 거기에서 배제될지의 어느 하나의 선택지밖에 남지 않는다."[14]고 지적한다.

즉, 서벌턴과 범주화되는 사람들이 주체화되기 위해서는 일본의 동화정책을 받아들여 '2등 일본인'이 될 수밖에 없었다고 한다. 이를 본고의 취지에 맞춰 이야기하자면 '타자'는 스스로의 타자성

---

14 磯崎順一(2012)「複数性と排除―「他者なき他者」の世界を生きるために―」, 東京大学文学部宗教学研究会編,『東京大学 宗教学年報』第30号, p.155.

에서 벗어나기 위해서는 '2급 국민'(='2등 일본인')이 될 수밖에 없다고 보는 것이 가능할 것이다. 서벌턴이란 천황제 하에서는 타자성을 삭제하여 일본인 정체성에 동화될 수밖에 없는 존재가 된다. 다시 말하면 천황제 하에서는 서벌턴의 처지를 수용할 것을 강요받는다.

조선에서의 창씨개명이나 궁성요배(宮城遙拜) 등으로 상징되는 일본인에 대한 동화의 강요는 서벌턴화에 대한 강요였다고 할 수 있다. 즉, 천황제가 천황제로서 담보되기 위해서는 서벌턴으로 표상되는 존재가 불가결하고, 제국 일본에 의한 식민지 지배는 천황제 시스템의 유지를 계속하기 위해서는 필요한 존재였다. 따라서 제국 일본의 피식민자가 비(非)서벌턴하기 위해 '2등 일본인'이 되는 것을 가지고 주체화라고는 당연히 말하지 않는다. 그것은 형식적 주체화 혹은 위선적 주체화일 뿐이다. 거기서 다소 억지를 쓴다면 서벌턴이 주체를 되찾으려는 행위는 동시에 천황제 성립의 기본 원리에 이의를 제기하는 행위가 될 것이다.

대만인과 조선인에 대한 가혹한 처신, 강렬한 교화정책 등 그 문화파괴 행위는 식민지인의 타자성을 희석시키기 위한 것이었다. 그러한 관점에서 앞에서 인용한 인류관 사건에서 제국일본 주변의 타자들 간의 차별 내 차별 행동은 천황제가 내세우는 교화정책의 '성과'라고 할 수 있을 것이다. 그 결과 스스로를 일본인에게 접근시키기 위한 탈출을 감행하는 것이다. 그러나 스스로를 서벌턴적 지위로 깎아내리지 않고 주체성을 되찾으려는 행위가 점차 드러나게 된다.

4.5 '말하고 행동하는' 서벌턴의 주체 회복 사례

이상의 논술을 포함하여 동아시아 트랜스내셔널서벌턴으로서의 오키나와인·중국인·한국인이 자신의 존엄과 권리 회복을 위해 '말하고 행동하는' 주체성 발휘 사실을 알 수 있다. 물론 예를 들면 중국인 유학생을 서벌턴이라고 범주화하는 것은 적합하지 않을 수도 있지만, 천황제 지배시스템에서 보면 아시아 지역에까지 사정을 둔 히에라르키 원리에서 보면 그러한 정의도 무리는 아니다. 그럴 경우 중국인 서벌턴은 스스로의 존엄과 권리 회복을 위해 당연한 정치적 행동을 하고 전시를 중단하게끔 만든 사례는 '말하고 행동하는' 하나의 전형적인 사례가 될 것이다.

다만 그 행동 자체가 스스로의 지위 보전과 확정의 행위로서 거기까지는 올바른 판단이라 하더라도 그 행위의 과정에서 무의식적이면서도 스스로도 또한 차별자로 변하고 있는 것의 문제성이다. 여기서 문제로 삼아야 할 것은 중국인 유학생은 결코 하층민중으로서의 서벌턴이 아니라 오히려 장래의 중국인 엘리트이기 때문에 그런 의미에서는 정확히 말하면 '말하고 행동하는' 서벌턴으로서의 자리매김은 잘못되었을지도 모른다. 그런데도 여기서 굳이 서벌턴으로 한데 묶는 것은 일본 천황제 시스템에서 정치성을 담아 말하자면 일종의 서벌턴이며, 그 서벌턴이 다른 서벌턴에 대한 차별을 무의식중에 드러내고 있는 것이다. 거기에서 주의해야 할 것은 계층화·중층화 속에서 천황제가 무한히 강화되어 가는 상황을 만들어 내고 있다는 점이다.

'주체화'의 의미를 차별이나 배제를 부정하고, 피차별자에게도 이해시키는 행위로 정의한다면 이것을 주체화라고 지적하는 것은 잘못된 것이다. 그렇다면 도대체 어떤 말이나 행위가 '주체화'의 이름에 어울리는 것일까. 중국인 유학생의 언행 동기에는 분명 자신의 존엄과 권리 회복에 대한 강하고 격렬한 언행이 인정되지만 그것은 또 다른 차별로 귀결되는 언행인 한 말하고 행동하는 주체성과는 거리가 멀다.

이상의 문제에서 검토가 요구되는 것은 같은 아시아의 트랜스내셔널 서벌턴이 스스로의 존엄과 권리 회복을 위한 수단으로써 다른 서벌턴을 차별함으로써 상위자의 지위를 차지하려는 지향성이다. 이 문제는 일본 국민에게도 전용이 가능하다. 일본의 근대화·구미화를 위해서, 자신이 아시아인이면서 다른 아시아인을 지배 통제함으로써 근대 국가 일본, 구미적 국가 일본으로의 상승을 도모해, 구미 제국=문명 제국의 틀에 참가하려고 해 온 일본 근대화 과정에서 드러난 문제이다. 천황을 정점으로 하는 계층성을 아시아 지역, 나아가 세계로 확대하려는 천황제 이데올로기가 우선 아시아인 사회로 확대되고, 그것이 대동아공영권 사상으로도 귀결된다. 그런 의미에서 '문명'과 '야만'의 이항 구분은 천황제의 아시아화, 세계화에 기여하는 발상이자 언설이 되었다.

이 문제에 얽힌 또 하나의 문제가 있다. 아이누의 자세에 관한 것이다. 이 인류관 사건 때 일부 아이누가 취한 자세는 전시 기획에 적극적으로 참여함으로써 자신들의 민족으로서의 지위를 일본 정부가 용인하도록 만든 것이었다. 그것은 제국 일본의 체제에 종속됨으로써 자신의 지위 보전과 민족성의 용인을 요구한 것이다. 이는 주체화라고 하기는 어렵다. 굳이 따지자면 자립이 아니라 종속되는 것이다. 아이누로서의 존엄성은 보수하는 것은 형식상 가능하더라도 거기에 종속된 민족으로서 자기규정을 만들어서는 자립의 길이 멀어질 것이다. 거기서부터 서벌턴으로서의 아이누가 진정한 의미에서 말하고 행동한다고 말할 경우에는 그 목적이 자립이나 독립을 의미하는 주체화여야 한다. 그러한 점에서 말하자면 대만관에서 우롱차를 대접하는 웨이트리스의 역할을 담당하는 전족한 대만 여성과 동등하다. 이 경우에 한해서지만, 아이누도 대만인도 '말하지 않고 몰주체적'인 행위로 시종했다고 지적 가능할 것이다.

5. 서벌턴의 주체화에 대해서

5.1 주체화의 가능성

서벌턴의 주체화 가능성에 대해 서벌턴 연구의 선구자이자 가장 큰 비판자인 G.C. 스피박(Gayatri Chakravorty Spivak, 1942~)은 "'에피스테메(知)의 폭력(epistemic violence)'에 대한 이용 가능한 가장 명확한 실례는 식민지 주체(colonial subject)를 타자로 구성하고자 하는, 멀리 떨어진 곳에서 편성된 광범위한 이종 혼합적인 기획이다. 이 기획은 또한 실제 타자가 위험하게도 주체성을 획득하는 것처럼 보일

때에는 반대로 그 흔적을 말소하려고 한다."[15]고 한다. 다양한 해석
의 여지가 있는 이 건은 요컨대 지식의 폭력을 휘두르는 지식인이
서벌턴을 타자화함으로써 그 주체성을 박탈할 가능성을 지적하고
있다. 거기에서 서벌턴의 주체화 가능성을 묻는 경우에는 지식인
의 폭력의 존재를 충분히 음미하고 다룰 필요가 있는 것이다.

스피박이 말하는 "서벌턴은 말할 수 있는가?"라는 서벌턴 연구
자 모두를 향한 날카로운 질문의 의미는 그 이야기를 사실상 억제
하고 찬탈하는 지식인의 권력을 향해 있다. 이 책에서 "서벌턴은
말할 수 있는가?"라고 거듭 물으며 서벌턴의 주체성 회복 가능성
을 계속 물은 끝에 "서벌턴은 말할 수 없다."[16]고 라고 단언한다. 스
피박의 논의 전개 내용은 복잡하고 다의(多義)로 가득 차 있지만, 무
의식중에 '말할 수 없는'정치의 메커니즘이 작용하고 있는 것이다.
그것은 예를 들면 제국 일본의 식민지통치 시스템으로 이해를 해
나갈 수밖에 없다.

예를 들면 식민지에서는 직접 피식민지자를 통제, 관리, 동원하
는 견고한 통치 시스템 속에서 주체성이 완벽하게 박탈되는 상태
에 놓여 있었다. 비식민지자를 서벌턴이라고 할 경우, 그 서벌턴에
는 언어나 문화도 찬탈당한 상태 속에서 '말할' 기회도 공간도 부
재했던 것이다.[17] 물론 그러한 환경 속에서도 피식민지자들이 완전

---

15 G.C.スピヴァ, 上村忠男訳(1988)『サバルタンは語ることができるか』, みすず書房, p.30.
   이 책은 Gayatri Chakravorty, "Can the Subaltern Speak?" in: Cary Nelson and
   Lawrence Grossberg.eds., Marxisn and Interpretation of Culture(Urbana,
   University of Illinois, 1988, pp.271-313)을 번역한 것이다. (역자 후기에서)
16 상게서, p.116.

히 침묵하고 있었던 것은 아니다. 그러나 거기서 주체성을 되찾는 사상과 운동은 철저한 탄압과 배제의 대상이 되었다. 따라서 서벌턴이 주체성을 되찾기는 매우 어렵다. 여기서 우리는 안토니오 그람시(Antonio Gramsci, 1891~1937)가 지적한 바와 같이 서벌턴이 헤게모니를 목표로 전개하는 문화적 및 정치적인 운동 속에서 지식인이 수행하는 역할에 대해 고찰해 둘 필요가 있다. 이것에 대해서 스피박은 "이 서벌턴이 전개하는 헤게모니를 목표로 한 운동이야말로 (진실한) 내러티브로서의 역사의 생산을 규정하는 것이다."[18]라고 주장한다.

여기서 말하는 내러티브란 역사를 문자 그대로 이야기화하는 것이다. 그것에 의해 객관적이고 절대적인 인문과학으로서의 역사학과의 괴리를 분명히 하면서 동시에 이 괴리를 메워 나감으로써 역사학의 한계성을 넘어서려 하는 것이다. 즉, 내러티브 어프로치란 기존 인문사회과학 전반에 대한 근본적인 비판을 담고 있으며, 이에 대한 질문은 주체로서의 인간 존재의 복권이다.[19]

필자 자신도 내러티브 어프로치를 인용하는 것은 기존의 역사학이 역사를 서술하는 주체로서의 인간의 존재를 충분히 확정하지 않았다고 생각하기 때문이다. 자신의 인식과 언어에 따라 역사를

---

17 대만 및 조선의 일본 식민지 지배구조를 논한 필자(2019)의 논문에 「전시관료론 식민지통치 · 총력전 · 경제부흥」『日本政治史の諸相』, 明治大學出版会가 있다.

18 G.C.スピヴァ, 上村忠男訳(1988), 전게서, p.37.

19 내러티브 어프로치에 대해서는 필자(2019)의 「植民地と戦争の記憶と忘却—歴史の物語化」とナラティブ · アプローチへの接近—」『日本政治史研究の諸相—総力戦 · 植民地 · 政軍関係—』繍繼厚論文集, 明治大學出版会 所収를 참조 바람.

자유자재로 풀어낼 가능성에 대한 언급이 보다 과감하게 이뤄져야 한다. 거기에서 서벌턴의 주체성을 논함에 있어 내러티브 어프로 치의 유효성을 주장하는 헤이든 화이트(Hayden White, 1928~2018년)의 다음 지적은 중요하다. 즉, 화이트는 "우리는 선천적으로 이야기하 는 충동을 가지고 태어나 현실에 일어난 사건의 모습을 이야기하 려고 하면, 내러티브 이외의 형식은 취할 수 없을 정도다."[20]라고 말하고 있다. 즉, 이야기하고 싶은 지극히 인간적인 충동이나 욕구 야말로 사실을 확인하면서 진실에 역대적으로 다가서려는 역사 서 술자를 지지하는 동기라고 생각한다.

역사를 기억하고, 역사에서 교훈을 찾고, 역사의 화해를 추구하 려는 사람에게 항상 염두에 두고 있는 것은 역사 인식의 국경을 초 월한 공유이다. 이러한 과제의식 혹은 인식론에서 동아시아 트랜 스내셔널 서벌턴이 20세기 초부터 이미 자신의 존엄과 권리 회복 을 위해 '말하고 행동'함으로써 주체성을 획득하는 과정에서 내러 티브 어프로치는 유효하지 않은가. 왜냐하면 여기서 서벌턴으로 분류되는 사람들은 특별히 역사 사료를 남기는 것도 아니고, 적극 적으로 스스로를 역사 사회 속에서 그 존재를 각인시키는 데에 반 드시 적극적이지는 않기 때문이다.

---

20 헤이든 화이트, 海老根宏 · 原田大介 옮김](2001) 『物語と歷史』 트랜스아트 이치 가야 분실, p.9. 또한 화이트의 저작에는 The Content of the Form:Narative Discourse and Historical Representation, Jhons Hopkins University Press, 1987. Figural Realism: Studies in the Mimesis Effect, Jhons Hopkins University Press, 1999. The Fiction of Narative: Essays on History, L. edited and with an introduction by Robert Doran. Jhons Hopkins University Press, 2010 등이 있다.

그러나 인류관 사건 때 보여준 오키나와인, 중국인, 한국인들의 이의제기 행위는 사실상 '말하고 행동하는' 주체로서의 존재성을 증명해 보인 것이다. 앞서 기술한 바와 같이 피차별자 간의 상호차별행위의 언동을 볼 수 있었다고 하더라도 지식인의 이야기에도 힘입어 스스로의 위치에 대한 재인식행위를 통해서 말이다. 이 경우 '말한다'는 것은 어떤 의미인가. "역사는 이야기(내러티브)다."라고도 주장하는 헤이든 화이트는 "현실의 사건이 이야기한다, 스스로 이야기한다든가 하는 일은 일어날 리가 없다. 현실의 사건은 잠자코 존재하고 있으면 그것으로 충분하다."[21]고도 주장한다.

이 화이트의 주장으로부터 우리가 알아야 할 것은 '말한다'라는 행위의 해석이다. 특정 언어에 자신의 의사나 감정을 말이나 문자로 표현하는, 기록하는 행위 외에 거기에 존재하는 것만으로 '말하는' 행위로 이해할 수도 있다. 주체를 언어나 문자를 매개로 다른 사람에게 전달하는 행위 이외에도 계속 존재함으로써 어떤 의미에서는 그 이상의 존재성을 담보하는 것이 가능하다는 것이다. 주체론을 논할 경우에는 그러한 관점도 필요할 것이다.

5.2 '상생' 이데올로기의 분출

동아시아 트랜스내셔널 서벌턴으로부터는 공생 사회 일본을 향한 자신의 존엄과 권리 회복을 위해서 '말하고 행동하는' 주체성이

---

21 화이트(2001), 전게서, p.15.

보인다. 이 과정에서는 '상생'의 이데올로기가 분출된다고 볼 수 있으며, 이러한 '상생'이 제대로 실현되어야 비로소 서벌턴의 주체화가 이루어질 것이라는 지적에 대해 생각해 본다.

'상생'이 일본어에서는 일반적으로는 '공생'에 가까운 말로 사용된다. 일본에서도 '공생'을 둘러싼 논의는 활발하게 전개되고 있으며, 특히 '공생학(共生學)'이라는 영역이 설정되어 거기에서 '공생 모델'로서 다루어지고 있다. 공생이란 민족·언어·종교·국적·지역·젠더·성별·세대·장애 등 다양한 차이를 가진 사람들이 문화나 정체성의 다원성을 서로 인정하고 대등한 관계를 구축해 살아가는 것이라 일반적으로는 정의된다. 이 경우 머저리티(A)와 마이너리티(B)의 관계로 말해보자면 '공생 모델'은 $A+B \rightarrow A'+B'+\alpha$로 낼 수 있다. 이에 대해 다른 모델로서 '동화주의 모델'($A+B \rightarrow A$)과 '통합주의 모델'($A+B \rightarrow A+B$)로 제시할 수 있다.[22] 공생을 동화와 통합의 차이를 명확히 함으로써 그 의의를 높이 표현한다. 완전히 동일한 대상으로 보는 것은 문제이지만 여기에서는 비서벌턴을 A, 서벌턴을 B로 치환해 고찰하는 것도 가능할 것이다. 동화란 B를 A에 흡수하는 것이고, 통합이란 양자 관계성을 남긴 채 하나로 만드는 것이다. 이 세 가지 모델의 비교 속에서 공생의 의미가 분명해진다.

공생 모델에서는 A도 B도 자기 개혁이 진행되어 그 과정에서 새로운 가치·제도(α)가 생겨난다. 따라서 '공생 모델'에서 나타난 것

---

22 桂悠介·檜垣立哉(2002)「『サバルタンは語ることができるか』を読み直すために―共生のフィロソフィーの視点から―」, 大阪大学人間科学研究科編刊, 『共生学ジャーナル』第6号, p.25를 참조.

과 같은 양자의 자기 혁신의 동시 진행 속에서 서벌턴의 주체화가 담보된다고 하는 생각으로 귀결된다.

공생의 필요성과 서벌턴 연구의 진전을 위한 중요한 키워드임을 확인하면서, 거기에서의 중요한 과제는 공생 언설이 현실의 과제와 어느 정도까지 리얼한 접점을 가지고 이야기되고 있는가, 머저리티와 마이너리티 정말로 대등한 관계를 구축하는 것이 가능한가, 인터섹셔널리티(Intersectionality)나 마이크로 어그레션(Microaggression) 등의 개념화에 의해 마이너리티에 대한 차별이 한층 복잡화·심각화되고 있는 현상을 근거로 한 논의가 어디까지 전개되고 있는가, 라는 반문이 지금 분출하고 있다.[23]

직재적(直截的)인 표현을 굳이 하자면 일본에서의 공생학의 타자이해의 가능성이 무비판적으로 전제되어 있는 것은 아닌가 등이다. 여기에서 공생 및 공생학에 대해 충분히 전개할 여유는 없지만, '창조적 공생에서 제1 요건'으로 요구되는 '머저리티의 자기변용 (A→A)'[24] 의 과정에서 머저리티가 말하기를 시작한다면 서벌턴의 이야기도 자기 변용 속에서 성립된다.

또 하나 한국어에서는 '상생'의 용어로 표시되는ㅡ일본어에서는 '공생'이라 하지만ㅡ그 '공생'을 영어에서는 conviviality나 symbiosis

---

23 인터섹셔널리티는 인종이나 젠더등의 복수의 사회적, 정치적 정체성의 조합에 의해, 사람들이 경험하는 불공평함이나 유리함을 식별하기 위해서 사용된다. 또 마이크로 어그레션 의도적인지 여부에 관계없이 정치적 문화적으로 소외된 집단에 대한 무심한 일상 속에서 이뤄지는 언행에서 나타나는 편견이나 차별에 근거한 우습거나 모욕, 부정적인 태도를 말한다.

24 桂悠介·檜垣立哉(2002), 전게논문, p.50.

등 실로 많은 용어로 번역되고 있는 현실이 있다. 이들은 모두 공생을 긍정적으로 수용하려는 것으로 그것에 내재된 모순을 직시하지 않는 자세로 일관하고 있는 듯 보인다.

6. 맺음말 – 다시 서벌턴의 정의를 둘러싸고

첫 번째 과제와 관련해서, 역사 서술의 대상은 엘리트들이며 권력자들의 언행이 중심이 되어 역사가 암암리에 묻혀온 사람들은 그곳에 등장하지 않는다. 보다 정확하게 말하면, 그러한 사람들을 역사에 등장시킬 근거나 방법이 부족했던 역사가, 지금까지의 역사였다. 그로부터 민중사나 여성사, 혹은 재일 조선·외국인에 초점을 맞춘 역사 서술이 시작되었다. 지금까지의 역사는 '지배의 역사'였기에 '피지배자에 대한 시선'은 사실 부재했었다. 그것은 역사가 역사로서 완결되지 않았음을 의미한다. 미완의 역사를 우리는 역사로 생각해 왔다. 그 이유는 물론 역사 연구자들의 게으름이기도 하고, 역사 서술의 방법론을 짜내지 않았던 것에도 원인이 있을 것이다. 동시에 엘리트와 권력자들은 말과 글을 종횡으로 쓰면서 기록을 과감히 남기려 했다. 그것을 우리는 역사 사료로서 역사 서술 시에 많이 이용해 왔다. 지식인이나 엘리트들의 역사를 역사 서술자들은 그렇기 때문에 그렇게 써왔다고도 할 수 있다.

특히 19세기부터 시작되는 제국주의와 식민주의 시대에 지식인과 엘리트들이 주도하는 세계사가 전개되면서 일방적으로 동원되고 관리되는 사람들을 역사의 객체로 취급해 왔다. 20세기를 거쳐 21세기를 맞은 오늘날, 점차 제국주의 비판을 통해 식민주의에 의해 주체성을 **빼앗겨** 온 피식민지자들의 존재가 부각되면서 주체성 회복이 급물살을 타고 있다. 종군 위안부 문제와 징용공 문제는 이들의 존엄 회복과 생활 구제를 주요 목적으로 논의되어 왔다. 동시에 그녀들을 서벌턴과 묶는 것으로, 주체성의 회복이라고 하는 큰 의의를 가진다. 그것을 통해서 이른바 서벌턴이라고 여겨지는 사람들의 주체성 회복의 일환으로서의 자리매김이 이루어지기도 한다.

엘리트와 비엘리트, 지식인과 비지식인의 상호 규정 관계 속에서 하나의 씨름판 안에서 동시적 일괄적으로 파악하기 위해 제공된 것이 서벌턴 연구라고 할 수는 없을까. 나는 적어도 그렇게 파악하고 싶다. 물론 거기에서는 이 양자는 대립적 대항적인 관계 구조에 있지만 무엇 때문에 그러한 관계가 되는 것인가, 또, 그 관계성의 근원은 무엇인가, 그리고 그 관계성을 엘리트는 스스로의 보수와 한층 더 높은 곳에 올라가기 위한 발판으로 삼아 온 것은 아닌가. 그렇다면 이 관계성을 비판적으로 파악해 극복할 전망을 제시하는 것이 요구되고 있는 것은 아닌가, 그것이 서벌턴 연구의 궁극적인 목적이 아닐까, 라고 생각한다.

두 번째 과제에 관련해서 말하자면, 그 관계성이 가장 노골적이고 첨예하게 표출되는 것이 식민주의나 인종주의가 아닌가. 특히 일본 천황제의 정치통치 시스템이 기능하는 가운데, 일본 주변에 소위 아시아 트랜스내셔널 서벌턴이 확대되어 그것을 천황제 지배

원리로서의 강도 높은 히에라르키 속에서 한층 서벌턴화가 촉진되어 가는 것을 역사적 사실로 파악하는 것이 가능하다. 천황제 연구란 다른 한편으로는 식민지 연구라고도 지적할 수 있다. 그리고 많은 서벌턴 연구자들의 공통 과제는 식민주의를 극복하고 포스트식민지 사회에서 지금까지 주변화되어 온 사람들의 자유와 평등을 되찾는 것, 다시 말하면 주체성을 확보하는 것에 대한 실천적인 대처 방법을 제시하는 것이다. 다른 관점에서 말해보자면 모든 인간이 자유롭고 평등한 사회 속에서 인간끼리 서로 존경할 수 있는 사회를 구축하는 것으로 귀결된다. 요컨대 민주주의 사회의 구축이야말로 서벌턴 연구의 궁극적인 목표가 될 것이다.[25]

제3의 과제에 관련하여 말해보자면, 서벌턴 연구를 혼란하게 만들고, 그런 한편으로 새로운 지평을 연 스피박의 '서벌턴은 말할 수 있는가?'라는 문제를 어떻게 받아들일까. 자극적이고 도발적인 스피박의 언설에서 모든 영역에서 종속성에 관한 학제적 연구의 필요성을 반복적으로 설명하고 있음을 확인해야 할 것이다. 이 점에 관해 필자도 명쾌한 해답을 가지고 있는 것은 아니지만, 이하의 점만은 언급해 두고 싶다. 즉, 서벌턴 연구는 피억압자, 피차별자, 피식민지자 등과 더불어 빈곤자, 여성, 장애인 등 소외되는 마이너리

---

25 일본 서벌턴 연구의 선구자 중 한 명인 사키야마 마사타케(崎山政毅)는 『サバルタンと歴史』(青土社, 2001)에서 "'서벌턴 연구'가 개척해 온 것은 (남아시아) 엘리트주의적 국민주의 사관에 기초한 역사 기술을 배제해 온 여성·원어민·하층 카스트 등의 서벌턴 집단을 역사의 '주체'로 등장시키는 지평이었다."(同書, p.16)고 지적하고 있다. 참고로 사키야마의 이 연구서는 서벌턴 연구의 현단계에서의 여러 가지 극복해야 할 과제를 비판적으로 도마 위에 올리고 있다.

티 등의 존재를 대상으로 하고 있다. 참고로, 서벌턴이란 실체 개념이 아니라, 관계 개념이라고도 해야 할 용어로 사용되려 하고 있는 것이다. 따라서 동아시아 트랜스서벌턴이라고 하는 경우도 '한국인, 중국인, 아이누, 우치난추' 등을 나타낼 뿐만 아니라, 예를 들면 오키나와인이 어떠한 관계성 하에서 차별의 구조 속에서 계속 존재하고 있는가에 대해서도 주목해야 할 것이다.

그래서 나는 인류관 사건에서 그 오키나와인이 피차별자인 동시에 차별자에게도 변용되는 역사 사실을 거론했다. 또, 현대에 있어서의 오사카부경 기동대원이 오키나와인을 '토인(土人)'이라고 부른 사건도 거론했다. 그로 인해 일본인 중에서도 차별과 비차별의 중층성이 부각된 사례에 착안했다. 문제는 실체로서의 서벌턴이 아니라 일정한 관계성 속에서 규정되는 서벌턴의 존재를 중시한 것이다. 거기에서 서벌턴이 지배 엘리트로 '변위'할 가능성, 혹은 종속성에서 벗어나 주체성을 획득할 가능성과 변용성을 지적한 것이다.

그리고 마지막으로 일본의 젊은 연구자들의 서벌턴 연구 인식을 소개해 두고 싶다. 거기에는 서벌턴의 주체화를 사고하는데 또 하나의 힌트를 주고 있어 매우 시사적이다.

"그램시에 의한 서벌턴 여러 집단의 역사 연구도, 구하에 의한 농민 반란에 관한 역사 기술 연구도, 그리고 스피박에 의한 여성의 자살에 관한 연구 사례도, 어느 것을 막론하고 거기에서 거론되고 있는 사람들은 운동·반란·저항이라는 형태로 주체적으로 목소리를 내고 있다. 따라서 이러한 서벌턴 연구는 목소리를 내지 못하는 사람들에 대한 연구였던 것이 아니라 사람들의 주체적인 목소리가 종속적인 위치에 놓임으로써 어떻게 서벌턴으로 만들어지는지에 대한 연구였다고 지적할 수 있다."[26]

여기에 등장하는 구하는 올해(2023년) 4월에 사망한 『서벌턴 스터디즈 』의 창간자인 라나지트 구하(Ranajit Guha, 1923~2023)이다. 즉, 서벌턴의 주체화를 묻는 경우 서벌턴으로 범주화되는 사람들은 본래 주체적이며 지배 엘리트들에 의해 종속화되어 있는 상태를 서벌턴으로 정의해야 한다는 것. 그것은 지배 장치나 지배체제에 의해 종속의 처지를 부여받은 사람들에 불과하다는 뜻이다.

달리 말하면, 주체화와 종속화는 표리일체 혹은 한 쌍의 관계에 있으며, 종속으로부터 변위해 주체가 될 수 있는 가능성을 내포하는 것이라는 확신이 거기에 있다. 정치운동론적으로 말하자면 지배와 종속은 지배자의 교화나 동화의 정책에 의해 고정되려 하지만, 양자는 한 쌍인 한 근접한 관계에 있다. 변위 가능성은 종속자가 지배자로 대체될 가능성을 가진다. 그러한 변동성을 사정거리로 두고 '말하고 행동하다'를 통해 여기서 말하는 변위 혹은 치환의 사태가 일어날 수 있다는 것이다.

마지막으로 미디어와 서벌턴의 관계에 대해 한마디만 언급해 둔다. 현재 일본의 서벌턴 연구에서 미디어와 서벌턴의 관계에 대한

---

26 牧杏奈(2021)「「サバルタン」研究—概念的な特性と意義—」『明治大学社会科学研究所紀要』第59巻 第2号, p.108.

논의가 전개되고 있다. 거기에서의 문제 설정은 언설 공간에 등장의 기회를 빼앗기고, 이야기의 방법을 모르는 사람들을 서벌턴이라고 부른다고 할 경우, 서벌턴을 표상하는 지식인인 연구자 등, 서벌턴의 목소리 없는 목소리를 대변하는 '중간자'의 존재가 필요하다. '중간자'가 매개하는 것이 미디어(매체)로서, 그 미디어의 역할을 재정의하고자 하는 것이다. 미디어의 용어 자체도 중간을 의미하는 intermediate에서 유래한 것은 아닐까. 즉, 서벌턴과 비서벌턴의 중간에 위치해, 양자를 연결하는 역할을 담당하는 것이 미디어라고 하는 것이다. 이와 관련하여 사카타 구니코(坂田邦子)는 "서벌턴이 혼자서 말할 수 없다면, 미디어나 지식인은 단순한 <표상자/대변자(representer)>가 아니라 문자 그대로 <중간자(in-between)>로서 거기에 개재하는 것이 가능하지 않을까?"[27]라고 말하고 있다.

즉, '표상자/대변자'는 지식인 엘리트이며, 그것은 비서벌턴의 존재이다. 그것은 서벌턴의 주체화를 저해하는 존재가 된다. 그렇지 않고 어디까지나 중간자・매개자의 역할에 충실함으로써 서벌턴의 주체성을 존중하고, 서벌턴이 간접적이든 '말하는' 기회를 담보하는 것도 가능해진다. 미디어를 일본어로 고치면 '매개(媒介)'의 '매(媒)'(나카다치)가 되고 혹은 '仲立ち'(나카다치)가 된다. 거기서부터 미디어란 '발신자'(서벌턴)와 '수신자'(비서벌턴)와의 문자 그대로 '매개자(媒介者)' 혹은 '중개자(仲介者)'가 된다. 그리고 서벌턴과 비서벌턴의 중간에 위치한 미디어 공간을 '틈(사이)'으로서의 미디어로서

---

27 坂田邦子(2022)『メディアとサバルタニティ―東日本大震災における言説的弱者と<あわい>―』, 明石書店, p.282.

파악함으로써 애초에 서벌턴과 비서벌턴은 전혀 별개의 존재가 아니라 서로 중첩되어 있고, 미디어 또한 중첩되어 있는 부분에 위치함으로써 양자를 평등하게 연결할 자격을 갖는다고 보는 방법이 있다.

❙참고문헌❙

崎山政毅(2001)『サバルタンと歴史』, 青土社 p.16, p.42.

松田京子編(2003)『帝国の視線—博覧会と異文化表象—』, 吉川弘文館 p.55.

坂本ひろ子(2004)『中国民族主義の神話—人種・身体・ジェンダー』, 岩波書店, p.75.

厳安生(1991)『日本留学精神史』, 岩波書店.

アーニャ・ルーンバ[吉原ゆかり訳](2001)『ポストコロニアル理論入門』, 松柏社, p.278.

松田博(2007)『グラムシ思想の探求 ヘゲモニー・陣地戦・サバルタン』, 新泉社, pp. 102-103.

G.C.スピヴァク[上村忠男訳](1998)『サバルタンは語ることができるか』, みすず書房, p.30, p.37, p.116.

ヘイドン・ホワイト[海老根宏・原田大介訳](2001)『物語と歴史』, トランスアート市ヶ谷分室, p.9, p.15.

일본 Nation Building의 탈구축
비(非) 야마토 민족 서벌턴의 주체화 시도에 주목하면서

오카모토 마사타카

1. 머리말

왕정복고를 내걸고 근대 국가의 반열에 오르려던 일본은 천황 통치를 정당화하기 위해 8세기 전반의 『고사기(古事記)』와 『일본서기(日本書紀)』에서 민족의 뿌리를 찾아 '야마토(大和) 민족'이라는 개념을 만들어냈다. 그러나 천황이 실권을 가졌던 고대로 되돌아가는 민족 설정은 당시 아직 야마토의 지배하에 없던 도호쿠(東北) 지방의 에미시(蝦夷)나 미나미큐슈(南九州) 지방의 구마소(熊襲), 독자성을 유지하던 서북(西北) 지방의 이즈모(出雲) 등의 민족(개념)도 함께 낳는다. 그리고 야마토 중심의 **Nation Building** 아래 국가 통합이

라는 위업의 악역, 왕화(王化)를 따르지 않는 지역의 백성으로 자리 매김하여 멸시받기도 하였다. 그러한 주변화에서 벗어나고자 야마토와의 일체화를 도모하려 해도 배제의 구조에서는 벗어날 수 없었다. 한편, 전후 일본에서는 단일민족·동질 사회성이 고도 경제성장을 가져왔다는 언설이 확산하는 가운데, 일본인 내부의 다양성이 불가시화되고 다수 민족의 민족명마저 애매해지면서 정부가 국내에 '소수민족은 존재하지 않는다'라고 말하는 사태가 일어났다. 그래서는 다문화주의를 구축할 수 없다.

본고는 일본의 민족(관념)을 둘러싼 혼란을 검증하고 야마토 중심의 Nation Building을 이즈모와 에미시, 구마소의 시점에서 재검토함으로써 일본인 내부의 다양성을 규명하면서 이들 비 야마토 서벌턴의 주체화 시도 속에서 민족의식의 탈구축(deconstruction) 가능성을 찾아보고자 한다.

2. 동아시아에서의 용어 '민족'의 탄생과 개념의 혼란

2010년 봄, 일본에서 초등학교 사회 교과서에 '아이누 민족의 자랑'을 담은 출판사의 편집자가 '아직도 일본은 단일민족이라 착각하는 사람도 있다'라고 발언한 신문기사가 나오자 인터넷 익명 게시판 '2ch'에 '아이누를 아이누인이라고 하면 우리는 무슨 인이야? 일본인이라고 하나?' '아이누가 일본 민족과 별개라면 류큐나 구마소, 에미시도 다른 민족이다' '재일한국인이 귀화하면 일본 민족인가?' '일본 민족이라는 개념은 없다. 굳이 말하자면 야마토 민족이다.' '민족이란 개념 자체가 일본에는 없다. 일본인이다'라는 등의 글이 올라왔다. 민족과 국민 개념의 현저한 혼란이 엿보인다.

2008년 9월에는 인터넷 Q&A 사이트(趣味人倶楽部)에서 '우리 일본인의 민족명을 가르쳐 주세요'라는 질문에 '단일민족이라는 전제이므로 일본에는 민족명은 없습니다'라고 답한 응답자가 질문자로부터 '다민족 국가에서 국민(전체)을 하나의 민족명으로 나타낼 수 없다는 것이라면 알겠지만, 단일민족이기 때문에 호칭이 없다는 것은 모순'이라고 반박당했다. 2010년 11월에는 Mixi 커뮤니티에도 '현대 일본인의 다수 민족명은 무엇입니까?'라는 토픽에 '야마토 민족으로 괜찮지 않은가'라고 하는 질문자에 대해, 찬반 다양한 의견이 게재되었다.

실은 이 질문에 관해서는 외무성·국토교통성이 2001년, 홋카이도 우타리(ウタリ) 협회의 문의에 대해 '일본의 다수 그룹(majority group)의 명칭은 존재하지 않는다'라고 회답했다(加藤, pp.65-67). 또한, 2007년 2월 하순, 이부키 분메이(伊吹文明) 당시 문부과학대신은 '야마토 민족이 일본을 통치해 온 것은 역사적으로 틀림없는 사실' '극히 동질적인 나라' '하나의 민족이 대다수 국민을 차지하고 있다'고 발언했다. 야마토 민족 요람의 땅인 '뼛속부터 교토인'을 자칭하는 이부키 당사자의 민족의식으로서는 이해가 되지만, 그러한 역사 인식과 민족의식을 일본 전체에 적용하는 것은 타당하지 않다. 정부 내부에서도 이렇게 언설이 엇갈리니 일반 사회가 혼란스러워하는 것도 무리가 아닐 것이다. 후쿠오카 현립대학에서 학생들에게 물어보아도 상당수는 자신이 어느 민족에 속하는지 생각해 본 적도, 의식해 본 적도 없다고 한다. 하지만 현대 일본인들 사이에 민족 개념이 없는 것은 아니다.『일본의 민족차별(日本の民族差別)』에서 정리했듯 일본 국내에는 여전히 다양한 민족차별이 존재한다(岡本, 2005, pp.68-268). 그것은 틀림없이 민족이라는 지표로 사람을 식별한다는 증거다.

일본에서는 1980년대 후반 이후 이민 유입이 증대됐다. 1988년 89만 9000명이던 재일외국인 수는 20년 만에 230만 3000명(2007년)으로 늘었고, 국제결혼 비율도 2006년 6%를 넘어섰다. 일본은 2015년 OECD의 International Migration Database에서 독일 미국 영국에 이어 세계 4위의 이민 유입국이다(연간 이민 유입수 39만 1000명). 일본인의 인구 감소가 진행되는 한편, 외국인 인구는 계속 증가해 2022년 말에 307만 5000명에 달했다. 국립 사회 보장·인구 문제 연구소는 2023년 4월, 2070년 시점에서 일본의 총인구(8700만 명)의 10%가 외국인이 될 것이라는 장래 추계를 발표했다. 이민 유입에 대해 니시오 간지(西尾幹二)는『민족에의 책임(民族への責任)』에서 "일본 열도는 존재할 것이다. 이곳에 사는 주민도 …… 늘어날지도 모른다. 하지만 다인종 다국어의 잡(雜) 민족 지대가 되어 일본 민족이라고 부를 수 있는 것은 소멸하고 …… 일본 문화도 사라져 없어지는 …… 사태가 예상된다."라고 염려(西尾, p.19)한다. 일본의 다수 민족을 이부키는 야마토 민족, 니시오는 일본 민족이라고 부른다. 양자는 어떻게 다른가.

'민(民)' '족(族)'이라는 한자는 중국에서 생겨나 주대(周代, 기원전)에는 쓰였지만, 두 글자를 조합한 '민족'이라는 용어는 1880년대 일본에서 영・불어 nation의 번역어로 만들어졌다. 민족의 어원인 nation은 12세기에 라틴어의 natio(나티오=태생)에서 파생된 말로 원래 ① '출신, 언어, 문화나 신앙의 공유로 특징지어지는 인간의 결속'을 가리켰다. 그것이 프랑스 혁명을 거치면서 '국가를 구성하는 개인 전체에 의해 조직되는 법적 인격'으로 사용되었고, ② '국민' 나아가 '국가' 자체를 가리키는 말이 되었으며, 네이션과 국가가 일치한 정치적 통일체=nation state(민족국가)가 근대 국제사회의 주체가 되었다. '민족'이 일본에서 사용되기 시작한 것은 1890년 전후이며, 민족 관념(의식)이 성립한 것은 1900년 전후 청일・러일전쟁의 전간기로 본다(岡本, 2014, pp.2-6). 일본에서 만든 '민족'이라는 용어에는 ①과 ② 양쪽 개념이 혼재된 것이다.

3. 야마토 주체의 Nation Building과 그 허구

3.1 왕정복고와 야마토 민족의 탄생

동서남북이 산으로 둘러싸인 나라(奈良) 분지에서 후지와라쿄(藤原京)와 헤이조쿄(平城京, 694~784년)가 세워진 야마토국(大和国)의 원뜻은 '야마(山=산)의 토(門=문)' '야마(山=산)인 토(處=곳)'라고 한다. '야마토' 용어 초출은 8세기 중반이며, 이후 율령제 하의 일본 열도 68개국 중 한 나라의 이름으로 막부 말기까지 이어졌다. 그것이 근대 이후,

일본의 다수 민족의 이름이 된 것은 어째서인가.

일본에서는 1867년 12월 9일 토막파(討幕派)가 쿠데타를 일으켜 왕정복고를 선언하고, '모든 것은 진무(神武) 창업의 시작에 기초한다'는 슬로건 아래 막부와 섭관제 폐지를 내세웠다. 진무는 고대 야마토 정권이 편찬한 712년의『고사기』와 720년의『일본 서기』(이하 '기기(記紀)'로 칭함)에 나오는 가공의 초대 천황 가무야마토이와레히코에게 후세에 붙인 한자명이다. 막부 말기에 진무천황(이 나라를 시작했다고 여겨지는 먼 옛날)을 이상화하려는 움직임이 일어나고, 이는 토막파의 기치가 되었다. 유신세력은 사쓰마・조슈(薩摩・長州)와 일부 공경(公卿)이 정권을 찬탈하려는 것으로 정통성을 의심받았고, 그에 대항할 수 있는 방패를 천황의 신권적 절대성에서 찾았다. 이렇게 무사의 통치 이전으로 거슬러 올라가는 정치체제=왕정으로의 복고가 도쿠가와 막부의 통치를 붕괴시키는 토막파의 행위를 정당화한다는 정치적 맥락 속에서 실행되었다.

존왕양이파는 당초 고다이고(後醍醐) 천황이 가마쿠라(鎌倉) 막부를 무너뜨리고 천황 친정을 부활시킨 '겐무(建武)의 중흥'(1333~36년, 아시카가 다카우지(足利尊氏)가 이반하며 2년 반 만에 붕괴) 시대로의 복고를 주창했다. 그래서는 12세기 말 성립된 가마쿠라 막부나 10세기 말 이후의 (천황이 실권을 잃은) 고대 섭관제 시대를 부정할 수 없다. 결국, 진무가 즉위하고 초대 천황이 되었다는 신화와 전승의 시대(7세기 이전)로의 회귀가 결정되었다.

메이지(明治) 정부는 정권 수립 후 진무천황이 재위 76년, 127세의 나이로 사망했다고 기록한『일본서기』에 따라 3월 11일을 진무

천황의 기일로 삼고 진무 천황제를 창설해『일본서기』에서 진무천황이 즉위했다고 기록한 날을 양력으로 환산해 기원전 660년 2월 11일을 기원절로 정했다. 전후 이날이 '건국기념일'로 바뀌어 불리고 지금에 이르렀다. 정부는 1889년 기원절을 기해 대일본제국 헌법을 제정했고, '만세일계 천황이 이를 통치한다'(제1조)라는 국체를 수립했다. 그 전년, 진무천황의 원래 이름=가무야마토이와레히코와 진무천황 전도의 땅과 연결되는 '야마토'를 딴 민족명이 출현한다. 야마토 민족이라는 용어는 잡지『일본인(日本人)』제2호에 게재된 시가 시게타카(志賀重昂)의「『일본인』이 회포하는 바의 취지를 고백한다(『日本人』が懷抱する処の旨義を告白す)」(1888년 4월)가 문헌상 초출이다.

천황이 형식적인 것도 포함해 정치 권력의 중심으로 존재한 것은 고대국가가 성립하고 율령국가 체제가 존속한 6세기 말~10세기 말로, 그 이후로는 '겐무의 중흥' 2년 반과 메이지 유신 이후부터 패전에 이르는 70년간에 불과하다. 에도(江戸)시대 천황가는 도쿠가와 가문은 고사하고 여러 다이묘와 비교해도 작은 세력으로, 야마시로국(山城国)을 중심으로 한 소영주적 존재였다(가가국(加賀国) 마에다(前田) 가문의 100만 석에 비하면 1~3만 석). 에도 막부가 천황에게 허락한 것은 고대 이래 전통적인 사제자·기도자라는 종교적 권위로, 1853년 미국 함대가 우라가(浦賀)에 내항했을 때도 천황은 막부의 요청으로 외적의 난을 물리치는 기도를 했다(村上, pp.144-145; 遠山, pp. 7-14). 정치적 권한은 일절 없었고 서민들의 존경은 번주나 쇼군에게 향했다.

천황이 사실 태고부터 변함없는 일본의 통치자였다는 허구를 퍼

뜨리기 위해 새 정부는 메이지 원년, 통상 세입의 20%라는 거액의 국비와 대량 동원으로 천황 순행을 시행하고 그 존재를 민중에게 선전하기도 했다. 또한, 에릭 홉스봄(Eric Hobsbawm)이 『만들어진 전통(*The Invention of Tradition*)』에서 주로 영국을 예로 들어 설명했듯 일본의 황실 제사도 13개의 대제사 중 11개, 9개의 소제사 중 6개가 메이지 초년에 만들어졌다.

메이지 정부는 전 정권이었던 도쿠가와 막부의 권위와 그로 이어지는 무가 통치의 시대를 부정하기 위해 고대로 되돌아가는 '왕정복고' '제정일치'를 근대 국가 형성의 기점으로 삼고, 기기 신화 속에서 민족의 기원을 찾아내어 국민 의식의 양성을 도모했다. 앤서니 스미스(Anthony D. Smith)는 『민족의 신화와 기억(*Myths and Memories of the Nation*)』에서 신화·전설이 국민통합이나 영유권의 정당화에 사용되어 온 상황을 유럽제국을 예로 검증하나, 신화에 의한 민족 (의식) 창출이라는 점에서는 일본이 더욱 현저한 예시라고 할 수 있다.

기기가 편찬된 8세기 초 일본에는 무사나 섭관이 존재하지 않는 한편, 도호쿠나 미나미큐슈가 야마토 정권 아래에 없었고 혼슈 서북쪽 이즈모도 반독립 상태를 유지하고 있었다. 고로 천황 친정의 고대로 되돌아가는 민족 설정은 필연적으로 비(非) 야마토인 이즈모나 에미시, 구마소 등의 민족(개념)을 함께 낳게 된다. 역사학자 기타 사다키치(喜田貞吉)는 1915년, 옛 전설이나 고대 기록을 보더라도 다카마가하라(高天原, 천상계)에서 강림한 천손과 흐름을 같이하는 (야마토계) 자만이 일본 국민 전체를 구성한다고는 도저히 말할 수 없다며 선주민족(천손 강림 이전에 일본을 다스렸다고 여겨진 이즈모계 민족)이나 이인(夷人), 귀화인의 후손이 국민의 일부분을 이루고 있다고 한다(喜田, 1979, pp.17-18).

이렇게 야마토 민족(개념) 발생으로부터 8년 후에 이즈모 민족(개념)이 등장한다. 초출은 1896년 사사카와 린푸(笹川臨風)의 「이즈모 민족 흥망사안의 권두에 쓰며(出雲民族興亡史案の巻首に書す)」다. 이 타자가 만들어 낸 민족 개념은 제1차 세계대전 중 미국 대통령 우드로 윌슨(Woodrow Wilson) 등에 의해 민족 자결의 제창이 확산하는 가운데 이즈모인 자신의 자의식으로 전환되어 간다. 1921년에는 이즈모 민족사(社)가 월간지 『이즈모 민족(出雲民族)』을 창간하고, 같은 해 4월에 발표된 오카가키 요시토(岡垣義人)의 「이즈모 민족을 위하여(出雲民族の為に)」(『신일본(神日本)』 제3호 게재)에는 '50만 이즈모 민족'이라는 표현이 종종 나온다. 이는 '이즈모 민족의 한 사람'이라는 오카가키의 '우리 의식'에 다름없다. 1934년부터 1936년까지 향토지 『시마네 평론(島根評論)』에 「이즈모 민족고(出雲民族考)」를 18회에 걸쳐 연재한 도쿠타니 도요노스케(德谷豊之助)도 제14장 「작금의 이즈모인(現今の出雲人)」에서 '옛 이즈모 민족'과 민족적으로는 큰 변화가 없으며, 오늘날(1930년대 중반)의 이즈모인은 체질, 골격, 용모 등의 생리 상태 및 성격에서도 이즈모 민족 고유의 일정한 특질이 있다고 기술하고 있다.

3.2 이즈모로 본 일본 Nation Building의 허구

마쓰모토 요시오(松本芳夫)의 『일본의 민족(日本の民族)』은 '천손(야마토)

59

민족의 유래를 논할 경우, 우선 신화를 기반으로 한다'며 '(이즈모의) 구니유즈리(国讓り, 나라 양보하기)를 계기로 (황실의 기원과) 천손민족의 유래가 발족한다'라고 서술한다. 메이지 정부는 기기에서 천황 통치의 정당성을 말하기에 적합한 부분을 추출해 개작과 창작도 더해 만들어낸 「일본 신화」를 국사로 자리매김하게 하고, 학교 등에서 가르치면서 국민(황국신민) 의식의 양성을 도모했다. 그러나 완본으로서 현존하는 일본 최고(最古)의 서적은 또 하나 있다. 바로 고대 이즈모왕의 후예인 이즈모 국조(国造=고쿠소)가 편찬한 『이즈모국 풍토기(出雲国風土記)』(733년)다. 그 신화를 기기나 일본 신화와 비교하면 이즈모국은 구니유즈리를 하지 않는 등 메이지 유신 이후 널리 퍼져 온 '나라의 성립'관이 무너질 정도의 차이가 있다. 그 차이는 의도적으로 무시되었고, 혹은 기기를 절대우위에 두는 의식 속에서 경시되어왔다.

기기 신화는 야마토 신화에 이즈모나 쓰쿠시(筑紫) 신화를(신들을 혈연관계로 잇는 형태로) 결합 흡수한 것이라고들 한다. 3분의 1을 이즈모의 신들이나 이즈모 관련 이야기가 차지하며, 또한 이즈모에서의 구니유즈리 후 천손이 다카치호(高千穂, 규슈)에 강림하는 등의 뒤죽박죽도 그래서 수긍할 수 있다. 이 결합 흡수 과정에서 이즈모나 쓰쿠시의 신들은 개작되었다. 다키오토 요시유키(瀧音能之)는 『「이즈모」로부터 추적하는 고대 일본의 수수께끼(「出雲」からたどる古代日本の謎)』에서, '우리의 일본 신화관에는 큰 편향이 보인다'고 한다. 일본 신화로서 기기만이 소개되어 왔기 때문이다. 야마토 신화에서는 이자나기・이자나미가 나라를 낳은 신이지만, 아이누 민족에게는 창

조신 고탄카라카무이의 창세 신화와 인간 창조 신화가 있다. 류큐호(琉球弧)에는 오키나와 본섬의 아마미쿄나 미야코섬의 고이쓰누, 다라마섬의 브나제 신화 등 섬마다 창세 신화나 섬 세우기의 전승이 있다. 이즈모에도 오미즈누신(神)이 '구니비키(国引き, 나라 당기기)'로 만든 나라라고 하는 신라국이나 고시국(高志国, 호쿠리쿠 일대)과의 해로에 의한 연결을 배경으로 하는 동아시아의 거대한 내해를 무대로 한 독자적인 창세(전국) 신화가 있다. 여러 개의 창세 신화가 병존하는 다원적 세계-사실 그것이 일본 열도다.

국조(고쿠소)는 야마토 세력에 복속한 각지의 호족을 지방관으로 임명한 것이라 여겨지지만, 다키오토 요시유키의 저서 『고대 이즈모 사전(古代の出雲事典)』 등에서 야마토 정권으로부터 '반독립 상태라고도 할 수 있는 권력을 가진 자도 있었다'라고 하는 것은 호족 수준을 넘은 지역 왕국의 왕이 국조로 전환했다고 보이는 예가 있기 때문이다. 그중에서 가장 두드러진 예가 일 국 일 국조(一国一国造)를 계속 유지한 이즈모 국조라고 한다.

통일을 목표로 하는 야마토 정권은 율령제 도입에 따라 국조를 폐지하고 기나이에서 여러 나라로 국사를 파견하게 되어 국조는 일반적으로 통치권을 잃었지만, 이즈모 국조는 율령제 하에서도 그 칭호를 유지하고 이즈모국의 통치권을 계속 유지하였다. 8세기 전반, 야마토 정권(조정)의 요청에 따라 각국에서 국사가 엮은 풍토기 중에서 『이즈모국 풍토기』만은 국사가 아니라 제25대 이즈모 국조가 편찬해 기기의 야마토 신화와 달리 양립할 수 없는 부분도 있는 독자적인 이즈모 신화를 담고 있다(岡本, 2014, pp.109-187). 그러

61

므로 거리낌 없는 (힘) 관계를 당시의 이즈모가 유지하고 있었다고 밖에 생각되지 않는다.

이즈모 국조는 798년 조정에 의해 정치적 권력을 빼앗겼고, 이후 에는 제사에 전념한다. 고대부터 이즈모노오미(出雲臣)가 성(姓)이었 으나 14세기 중반에 센게(千家)·기타지마(北島) 양가로 나뉘어 제주 를 계속 맡았으며 에도시대도 독자적인 입장을 유지, 막부 말기에 이르렀다. 하라 다케시(原武史)는 『<이즈모>라는 사상(<出雲>という思想)』 에서 메이지 초까지의 이즈모 국조는 천황과 견줄 또 다른 현신(生き 神)으로 천황에 필적하는 종교적 권위를 지녔다고 밝혔다. 1890년, 제81대 다카노리(尊紀) 국조를 알현한 라프카디오 헌(Lafcadio Hearn)도 달라이 라마에 비견되는 현신이라고 세계에 알렸다(Hearn, pp.138-139). 제정일치를 권력의 원천으로 삼는 고대 왕의 후예로 정(政)의 권한 을 빼앗기고 제(祭)에만 종사하던 두 현신의 메이지 이후 명운을 대 비하는 것으로도 근대 일본 nation building의 왜곡이 부각된다.

4. 비(非) 야마토 민족 서벌턴의 주변화

4.1 비(非) 야마토 지역과 일치하는 '외륜(外輪) 방언'

『문부성 잡지(文部省雜誌)』 메이지 6년(1873년) 7호 및 7년 1호에 게 재된 문부소승(文部少丞)의 「설유(說諭)」는 도호쿠인과 미나미큐슈인 의 언어가 전혀 통하지 않고 도호쿠인과 간사이(關西)인이 담화를 하려 해도 말이 거의 통하지 않는 당시의 상황을 기록하며 동서 600리(홋카이도 제외) 정도인데 이다지도 언어가 상통하지 않는 나라는 일본뿐이라고 기술한다. 이것이 2005년 10월 아소 다로(麻生太郎) 당시 총무대신이 '일본이라는 나라는 …… 한 국가, 한 문명, 한 언어, 한 문화, 한 민족. 다른 나라를 찾아봐도 없다'라고 말한 일본의 130년 전 모습이었다.

현재 일본에서 사용되는 표준어는 '도쿄 야마노테(山手)의 교양있는 중산층 가정의 말'이라는 극소수의 사람들이 사용하던 말을 토대로 20세기 초 인공적으로 (문어체를 우선해서) 만들어졌다. 1900년 소학교령으로 '국어'라는 교과목이 탄생했고, 1903년 '교양있는 도쿄인의 구어'를 바탕으로 쓰인 국정교과서『심상소학독본(尋常小学読本)』이 처음 간행되었고, 최종적으로 국어조사위원회가『구어법(口語法)』을 공개하고 야마노테 말을 '표준어' 모델로 정한 것은 1913년이다(倉島, pp.i-iii; 山口, p.172; 安田 p.100).

학교 교육으로 국어를 가르칠 수 있게 되었어도 당장 언어의 다양성이 소실된 것은 아니다. 언어학자 사나다 신지(真田信治)는 일본어의 균질화가 거의 완성의 경지에 이른 것은 1980년대의 텔레비전 미디어 난숙기라고 분석한다.

또 일본어학의 대가 긴다이치 하루히코(金田一春彦)는 명저『일본어(日本語)』에서 일본 내 언어적 다양성을 지적하며 간토 방언, 간사이 방언, 도호쿠 방언, 미나미큐슈 방언 등은 유럽이라면 각각 다른 언어라고 말한다(金田一, 1988, p.59). 긴다이치가 작성한 '방언' 구획도에서 '외륜(外輪) 방언'(교토가 있는 간사이를 내륜(內輪) 방언으로, 그 바깥쪽에

63

있는 중륜(中輪) 방언보다도 괴리가 더욱 큰 지역의 말)으로 구분한 것이 기기
신화 속에서 야마토타케루(타케루는 영웅이라는 뜻)에게 정벌 당하는
'복종하지 않는 자들'의 땅－도호쿠, 이즈모, 규슈 남부와 거의 일
치한다(金田一, 1975, pp.24-25).

4.2 에미시와 구마소·하야토

도호쿠 지방의 총면적은 혼슈의 30%를 차지하며 독립 국가인
네덜란드나 스위스보다 넓다. 『송서왜국전(宋書倭国伝)』의 왜왕 부노
죠효분(武上表文)(478년)으로부터 당시 이미 왜국 동쪽에 있는 여러 나
라 사람들이 '에미시(毛人)'로 불렸음을 알 수 있다. 7세기 중반 야마
토 정권의 세력권은 지방 호족을 통한 간접통치 지역을 포함해도
혼슈 북쪽 해안의 니가타(新潟) 평야 남부와 남쪽 해안의 아부쿠마
가와(阿武隈川河) 하구를 연결하는 라인까지밖에 미치지 못해 현재의
후쿠시마(福島) 현을 제외한 도호쿠 5현의 거의 전역은 에미시의 영
역이었다. 가호쿠 신보(河北新報, 도호쿠 일원의 지방 신문)의 이치리키 가
즈오(一カ一夫) 사장은 『에미시－도호쿠의 원류(蝦夷—東北の源流)』에서
지금의 도호쿠 지방이 중앙 정부 아래 정식으로 귀속된 것은 에미
시와의 연합정권이었던 오슈 후지와라씨(奥州藤原氏)가 가마쿠라 막
부에 멸망한 800년 전에 불과하며 그때까지 반독립 상태를 유지했
다고 한다. 도호쿠에 아이누어 지명이 많이 보이고, 또 도호쿠의 사
냥꾼 마타기의 언어에 아이누어와 공통된 단어가 존재하는 것은
도호쿠의 언어가 어느 시기까지 현대 아이누어와 같은 계통이었던

근거로 보인다(隼人文化研究会, p.369; 工藤, p.168).

본래 에미시(蝦夷)는 야마토 정권을 따르지 않는 아즈마국(東国)·북방 백성에 대한 총칭이었으나, 중세에 이르자 주로 아이누를 가리키는 개념으로 전환됐고 발음도 '에미시'에서 '에조'로 바뀌었다. 근세의 히로사키 번이나 모리오카 번이 아이누를 '에조(蝦夷)' 신분으로 일반 영민으로부터 구별·격리하고 있었기에 에조=아이누라는 이미지가 고정화되었다. 하지만 타자는 오우(奧羽=도호쿠)인을 여전히 에미시시(視)해서 자의식과 타자의 인식 사이에서 어긋남이 발생하고 있었다. 에도시대에 이르러서도 오우 지방은 미개·야만시 되었고, 1780년대 말에 쓰인 후루카와 고쇼켄(古川古松軒)(비추국(備中国=오카야마현 서부) 출신)의 『동유잡기(東遊雜記)』는 지금의 아키타현 일대의 사람을 예나 지금이나 변함없는 이인(夷人)이라고 평가하고, 말도 통하지 않는 호쿠테키(北狄=북쪽 오랑캐)의 땅에 지나지 않는다고 기록하고 있다.

메이지에 들어서도 그 의식은 계승되었으며, 오우에쓰 열번 동맹(奧羽越列藩同盟)을 맺고 '관군'과 대치해 '조적'이 되어버린 보신(戊辰)전쟁을 거치며 외려 증강했다. 1871년 에사시(江刺) 현(지금의 이와테 현)에 부임한 관리는 에사시 현민을 왕화 아래 있지 않았기에 '에미시의 모습이 남아있어 …… 자칫하면 멧돼지와 사슴이 군집하는 것처럼 동요'하는 우민이라고 상신했고, 아오모리 현에 파견된 관리도 1872년 4월의 「봉청북순건언(奉請北巡建言)」에서 아오모리 현민을 '벽읍(僻邑)의 미개인'이라고 기록한다. 차별적 압력에 도호쿠인은 근대 국민통합 과정에서 말과 풍속·문화 등 이질적·부정적 가치를 지닌 표징을 지워버리고 대등한 제국 신민이 되고자 콤플렉스를 내면에 품으면서도 힘써왔다(菊地, pp.200-207).

시점을 열도 서남쪽으로 돌리면 미나미큐슈의 중앙부, 가고시마만 연안 일대에는 고대 일본 열도에서 볼 수 있는 고총고분(高塚古墳)이 거의 없고, 4세기 후반부터 7세기 후반에 걸쳐 고유의 지하식 판석 적석실묘(地下式板石積石室墓)가 축조되어 있었다. 이러한 고고학적 관점에서 구마모토 현의 구마가와(球磨川) 유역과 미야자키현의 히토쓰세가와(一ッ瀬川) 유역을 연결한 선으로부터 남쪽이 구마소의 세력권으로, 야마토 왕권의 세력이 미치지 못했음을 알 수 있다(中村, pp.20-35, pp.61-63; 上村, p.82).

구마소는 『고사기』에서 복종하지 않는 무례한 자(게이코(景行) 천황의 조)로, 『일본서기』에서도 반역하여 조공하지 않는 자(게이코 천황 12년 7월의 조)로 나타난다. 한편, 구마소와 교체되어 등장하는 것이 하야토(隼人)다(井上, p.205). 1년 수개월에 이르는 요로(養老) 연간 봉기(720~721년)를 비롯해 야마토의 침략에 자주 저항했던 미나미큐슈의 하야토도 '만이(蛮夷)' '황적(荒賊)' '흉적(凶賊)' 등으로 불렸다. 그래서 구마소와 하야토는 시대가 바뀌면서 호칭이 바뀌었다는 것이 통설이다. 구마소는 히고(肥後)의 구마(球磨), 오스미(大隅)의 소오(曽於)의 지명을 합친 이름이라는 것도 전문가 사이의 통설이지만, 통일체가 아니라 미나미큐슈의 야마토에 복종하지 않는 복수의 세력을 구마와 소를 상징적으로 든 미나미큐슈인의 범칭이라고 생각된다. 그 미나미큐슈의 주요부에 야마토 정권의 세력은 7세기 후반부터 본격적으로 신장한다(中村, p.69).

야마토 정권은 대규모 파병으로 하야토를 진압·배제하고 702년 사쓰마국(薩摩国)을, 713년 오스미국(大隅国)을 설치한다. 각종 세와 병역·노역 등 무거운 부담을 부과받고 현지 자연에 맞지 않는 벼 농사도 강요당한 하야토는 720년 2월 오스미 국수(国守)를 살해하고 봉기했다. 이듬해 3월 야마토 정권이 보낸 수만 명 규모의 세이하야토군(征隼人軍)과 하야토는 1년 넘게 싸웠으나 다수의 사망자·포로와 큰 피해를 내고 패배한다. 야마토 정권은 패배한 하야토에게 더욱 대규모의 조공을 부과하고 거듭 복종을 맹세하게 했다. 처벌적인 복종의 증거로서의 조공은 801년까지 계속된다.

무쓰국(陸奥国, 도호쿠 지방 동부)의 에미시, 오스미·사쓰마의 하야토 등을 정벌한 장군 이하의 관인과 통역자에게 훈위를 수여했다는 『속일본기(続日本紀)』의 기술(요로 6년(722년) 4월 16일의 조)에서 조정군이 에미시나 하야토와의 전투에 통역을 수행하게 했음을 알 수 있다. 『속일본기』(797년)는 덴표(天平) 2년(730년) 3월 27일의 조에 에미시와 하야토는 풍속·언어가 달라 통역이 없으면 의사소통을 할 수 없었다고 남겼다. 하야토 문화 연구회는 하야토의 문화는 동중국해 연안 여러 지역과 중국 남부의 조엽수림대 문화와 통한다고 한다. 민속학자 시모노 도시미(下野敏見)는 말레이시아와 인도네시아에서 사용되던 특수한 어구·어살(比比, 히비)이 하야토 마을에서도 물고기를 잡는 데에 사용되어 온 점 등에서 하야토 문화는 현재까지 이어지고 있다고 말한다. 미나미큐슈 주민의 생활 양식·언어 등에서 남방적 요소를 많이 볼 수 있다는 점에는 이론이 없다고 『히토요시 시史(人吉市史)』(1981년)가 지적하는 이유이기도 하다(隼人町教育委員会,

pp.400-401; 隼人文化硏究会, p.520; 人吉市史編纂協議会, p.55).

5. 다양성을 불가시화하는 단일민족 국가론

5.1 영역 내 제(諸) 민족의 총칭으로서의 일본 민족

20세기 전반의 일본에서는 한 민족 속에 복수의 민족이나 인종이 내포된다는 혼합·복합 민족관이 일반적이었다. 외교관 출신 국제법학자 노부오 준페이(信夫淳平)는 1919년 간행된『동유럽의 꿈(東欧の夢)』에서 하나의 민족으로 하나의 국가를 구성하는 나라는 세계에 거의 없다며 유럽의 다양한 민족 구성을 소개한다(信夫, pp.101-105). 비슷한 시기 일본 국내에서도 히야마 사토시(桧山鋭)가『대외일본역사(対外日本歷史)』(1904년)의 제5장「일본인종(日本人種)」의 결론에서 누구나 일본 전국을 여행하면 용모나 언어, 성질이나 풍속 습관에 있어서 규슈, 긴키, 도호쿠에서, 또 같은 규슈라도 남부와 북부 사이에 매우 큰 차이가 있음을 알 수 있다며 피부색이나 생김새, 골격 등에 따라 야마토, 에미시, 구마소, 지쿠시(筑紫) 등의 민족을 식별할 수 있다고 기술하고 있다. 기타 사다키치도『오우 연혁사론(奥羽沿革史論)』(1916년)에서 많은 인원이 모인 집회를 보면 십인십색으로 외모가 서로 다르고 차이가 큰 사람끼리 비교하면 종족이 전혀 다르다는 것을 비전문가의 눈으로도 알 수 있다고 말했다(桧山, pp.43-44; 喜田, 1980, p.49).

이들의 관찰은 21세기 들어 발달한 DNA 다형분석을 통한 분자 인류학으로 뒷받침된다. 분자 인류학자 시노다 겐이치(篠田謙一)는 DNA 분석을 통해 열도 주민의 뿌리가 대륙의 넓은 지역에 흩어져 여러 시대에 별도의 루트를 경유한 것은 분명하며, 일본은 복수의 서로 다른 집단으로 구성된 다민족 집합체라고 밝혔다. 분자 생물학자 사키타니 미쓰루(崎谷満)도 일본 열도는 중간부=혼슈·규슈·시코쿠에서도 DNA의 다양성이 높다고 말한다(崎谷, 2009, p.63; 崎谷, 2008, pp.152-153).

노부오는 3층 구조의 유럽 대륙 민족 구성도를 실어, 유럽의 민족은 ① 아리안족, 몽골족, 셈족의 3대 민족으로 크게 나뉘며, 그 안의 ② 아리안족은 슬라브족이나 튜턴족 등의 4 민족으로 나뉘고, 또 ③ 슬라브족 안에는 동(러시아)과 남(세르비아 등)과 북(체코 등)의 3 민족으로 나뉘어 있다고 한다.

당시는 "우리나라는 예로부터 히무카이(日向)에 천손족이 있고 이즈모에 이즈모족이 있고 북쪽에 에미시족이 있고, 규슈에 구마소·하야토가 있다."(쓰다 쓰요시(津田剛) 「세계의 대세와 내선일체(世界の大勢と內鮮一体)」 1941년)라는 혼합 민족론이 주류로 자연스럽게 받아들여졌다. 기타는 '일본 민족'을 '우리 제국 신민 …… 모든 민중의 총칭'(「일본 민족사 개설(日本民族史概説)」), '아마쓰카미(天津神, 하늘에서 강림했다고 여겨지는 야마토계)·구니쓰카미(国津神, 이전부터 지상계에 살았던 것으로 여겨지는 이즈모계)의 두 계통, 아이누족, 한족, 나중에 도래한 한인, 백제·신라·고려·임나 …… 이 일체를 종합한 명칭'(「일선 양민족 동원론(日鮮両民族同源論)」)으로 정의하고, '조만간 병합될 조선·대만 등의

69

주민도 …… 일본 민족이 된다'(『일본 민족 개론(日本民族概論)』)라고 말하고 있다. nation과 다른 개념으로 ethnicity라는 용어가 유포된 현대에서 보면 양자를 혼동한 언설처럼 비치지만 당시 사람들의 개념에서는 모순은 없었다. 현대 일본어에서도 national minority와 ethnic minority를 제대로 구분해서 번역할 수 없어, 둘 다 '민족적 소수자'가 된다.

이렇게 해서 일본 민족은 전전, 조선 민족도 내포하는 개념으로 쓰였지만, 야마토 민족은 다르다. 나카소네 야스히로(中曽根康弘)는 다쿠쇼쿠(拓殖)대학 총장 시절인 1969년, 학생 대상 연설에서 '아마테라스오미카미(天照大神) 이래 야마토 민족은 나다노키잇폰(灘の生一本=순미주 브랜드)으로 합성주는 들어있지 않다'라고 말한다. 한편 그는 1986년 국회에서는 '일본 민족은 일본 열도에 선주하던 민족이 …… 남방계 북방계 혹은 대륙계 여러 민족과 혼합 일체화해 형성된 것'이라고 말한 바 있다(第107回 国会衆議院予算委員会議録 第1号, pp.41-42; 第3号, p.13). 즉, 일본 민족은 '현' 일본의 국가 영역에 근대 국가 성립 이전부터 계속 거주해 온 제(諸) 집단의 총칭이다. 야마토 민족도 그 구성요소 중 하나이며 아이누, 류큐, 대만, 조선은 영토 병합으로 일본 민족에 편입됐고 패전에 따른 독립으로 조선인과 대만인은 거기서 벗어난 것이다.

5.2 혼합 민족론에서 융합 민족론으로

일본 정부는 1980년 유엔에 제출한 시민적 및 정치적 권리에 관한 국제규약(ICCPR) 실시 보고서에서 '(민족적 종교적 또는 언어적) 소수 민족(minorities)은 우리나라에 존재하지 않는다'라고 기록했고, 그 심사(1981년 유엔 유럽본부)에서 '메이지 유신 이래 커뮤니케이션 시스템의 급속한 진보로 인해, 아이누인의 생활 양식에서 특수성을 찾기는 곤란'하다고 서술했다(CCPR/C/10/Add.1, p.12). 1986년 11월에는 나카소네 수상이 국회에서 '일본 열도에는 북쪽에서 대륙에서 혹은 남쪽에서 많은 사람이 들어왔고 융합해 지금의 일본 민족은 만들어졌다. 그 한 요소 속에 아이누 여러분도 있었다'라고 답변한다. 같은 달 하순, 시오카와 마사주로(塩川正十郎) 문부대신도 국회에서 '뿌리(roots)는 많이 있었지만 …… 문화적으로 봤을 때 일본 민족은 하나의 민족이 된 것 아닌가'(26일), '지금 같은 문화적 생활을 하는 자, 이런 것으로 일본 열도는 현재 하나의 민족이라는 해석도 성립된다'(28일)라고 발언했다(第107回 国会衆議院文教委員会議録 第2号, p.27; 第3号, p.14). 이는 일본 민족을 둘러싼 개념이 여러 민족의 총칭이었던 혼합 민족에서 동화 융합으로 발생한 단일민족으로 변모하고 있음을 보여준다. 이른바 '민족의 도가니(melting pot)'론이다.

그러나 과연 다 녹아들었을까? 일본 민족을 형성한 여러 민족의 하나인 아이누 민족이 도가니 속에서 다 녹아들어 원래의 민족성을 잃었다면 야마토 민족도 마찬가지일 것이다. 아이누 민족이나 야마토 민족이 민족성을 유지하고 있다면 다른 민족이 융합해 흔적도 없이 사라졌다고 할 수 없다.

일본에서는 패전 후 이 나라는 먼 옛날부터 일본 민족이라 칭할 수 있는 한 민족으로 형성된 섬나라라서 이민족과 접촉한 경험이 없으며 야마토 국가가 아무런 반항도 받지 않고 평화적으로 통일되었다는 단일민족론이 나타나, 국제관계에 대한 자신감을 잃고 전쟁에 지친 사람들의 마음에 침투했다(小熊, pp.340-364). 이는 물론 제국 인구의 30%를 차지한 조선·대만인의 존재에 눈을 감는 픽션이다. 일본은 근대 이후 아시아 광역으로의 진군·점령을 통해 아시아 지역에서 다양한 민족과 접했고, 오족협화(五族協和)의 만주국이나 대동아공영권도 주창했었다. 그러나 이 단일민족=동질 사회론은 고도경제성장기 일본형 경영에 적합한 국민상으로 단숨에 확산해, 일본이 경제 대국의 지위를 확립한 1980년대 정치가들은 단일민족성을 일본의 강점이나 특수성으로 말하기 시작한다(岡本, 2014, pp.379-401).

하지만 동(질)화를 바탕으로 한 20세기형 국민통합은 세계가 다양성 존중으로 크게 흘러가는 가운데 과거의 것이 되고 있다. 1990년대 이후 도호쿠와 미나미큐슈에서 에미시와 구마소의 후예들이 정체성에 눈뜨며 아테루이 복권과 구마소 복권 운동을 전개하기 시작했다. 2008년 6월 도야코(洞爺湖) 서밋으로 G8의 눈이 홋카이도에 쏠리는 가운데 정부는 관방장관 담화에서 아이누 민족이 '독자적인 언어, 종교 문화의 독자성을 가진 선주민족'이라고 인정한다. 2019년 2월 성립된 '아이누 사람들의 자긍심이 존중받는 사회를 실현하기 위한 시책 추진에 관한 법률'도 그 조류 속에 있다.

6. 서벌턴으로서의 에미시와 그 주체화 시도

6.1 뒤틀린 정체성

『고사기』원전에서 구마소타케루를 '검을 엉덩이로 꿰뚫고, ……
무르익은 참외처럼 베어' 참살한 야마토타케루는 돌아가는 길 이
즈모에 들러 이즈모타케루와 친우의 맹세를 나누고, 속여서 불시
에 친다. 이즈모인에게 야마토타케루는 비겁한 원수일 뿐이다. '에
미시족의 후예'임을 공언하는 야마우라 하루쓰구(山浦玄嗣)도 저서
『히타카미 황금전설(ヒタカミ黄金伝説)』에서 야마토타케루를 '비열한 살
인마'라고 썼다(山浦, pp.46-47). 한편 1968년 1월 도쿄도 사회과 연구
회가 '어린이를 훌륭한 일본인으로 키워내'고 '신화·전승 속에서
일본 민족의 마음을 살필' 목적으로 주최한 실천 연구 발표회에서
는 '야마토 조정에 의한 국토 통일과 발전을 위해 다한 영웅의 활
약'으로 '악인' '명령에 따르지 않는 무례한 자'를 야마토타케루가
정벌하는 이야기가 수업 예로 보고됐다. 양측 의식의 갭은 크다.

구마소는 메이지 이후 국사 교육 속에서 왕화를 따르지 않고 야
마토의 영웅에게 정벌을 당한 반역적이고 미개한 야만족으로 여겨
지며 털북숭이 구마소상이 교과서와 『일본 신화(日本神話)』의 그림책
을 통해 퍼졌다. '구마소의 땅'으로 여겨졌던 구마모토 현 구마군
멘다마치(熊本県球磨郡免田町) 주민들은 오랫동안 그 콤플렉스에 시달
렸다. 부정적인 구마소관을 전환하기 위해, 멘다마치 주민은 1990년
대에 구마소 복권 운동을 일으키는데, 본고는 지면의 제약으로 도호

쿠에서의 정체성의 갈등과 아테루이 복권 운동을 소개하고자 한다.

2012년 말 총선에서 대한(対韓) 강경 자세를 보이는 아베 신조(安倍晋三)가 이끄는 자민당이 압승하자 혐한을 선동하는 재특회(재일특권을 허용하지 않는 시민모임) 등 극우단체가 벌이는 가두선전이 세를 늘렸다. 2013년 봄, 도쿄 신오쿠보와 오사카 쓰루하시 코리아타운에서 벌인 가두선전이 제노사이드(집단 학살) 제창으로 격화되자 미디어가 증오연설(hate speech)이라며 활발히 보도하기 시작한다(岡本, 2013, pp.50-75).

그 중심인 <주권회복을 도모하는 모임(主権回復を目指す会)>의 니시무라 슈헤이(西村修平) 대표는 도호쿠의 아키타(秋田) 현 오가(男鹿) 시 출신으로, 비슷한 무렵 인터넷에서는 '도호쿠인은 타지 돈 벌이(出稼ぎ, 데카세기) 시골뜨기의 열등 인종'(2008.7.1.) '차별받는 것은 열등 인종이니까 당연'(2010.1.13.), '도호쿠인은 야만인' 등 도호쿠인에 대한 인종차별적인 게시글도 눈에 띄기 시작했다. 이는 인터넷 익명 게시판 2ch에서 2008년 1월 시작된 '설화(舌禍)·도호쿠 구마소 발언'과 2010년 11월 시작된 '다시 한번『도호쿠 구마소 발언(東北熊襲発言)』을 생각하다'에 대한 게시글이다. 도호쿠 구마소 발언이란 1988년 2월, 센다이(仙台) 천도론에 반대하는 사지 게이조(佐治敬三) 오사카 상공회의소 회장 겸 산토리 사장이 긴키(近畿) 상공회의소 연합회 주최 강연에서 도호쿠는 '구마소의 산지 …… 문화적 정도도 지극히 낮다'라고 (도호쿠의 에미시와 미나미큐슈의 구마소를 혼동해) 발언해 도호쿠에서 광범위한 항의가 일어난 사건이다. 전전·전후에 걸친 야마토를 정의(선), 그에 복종하지 않는 자를 악으로 하는 역사교육으로 잠재된 멸시의식이 드러난 사건이라고도 할 수 있다.

2011년 3월 11일의 도호쿠 대지진을 거쳐 2ch에서의 도호쿠인에 대한 증오 연설은 '일본의 외국·도호쿠인은 …… 쓸모없는 열등 인종, 일본에 기생하는 무능한 해충'(2011.3.16.), '고대부터 도호쿠는 화외(化外, 왕화가 미치지 않는 지역)의 미개 야만족이 사는 이국(異國), 문명 불모의 암흑 지역 …… 일본에서 가장 문화 레벨이 낮은 것은 도호쿠'(2011.6.17.), '도호쿠인은 곰처럼 야만적인 얼굴을 한 사람이 많다'(2011.6.29.) 등등으로 격화한다.

기쿠치 이사오(菊池勇夫) 미야기(宮城)학원여대 교수는 『도호쿠학(東北学)』 1호(1999년)에 기고한 「도호쿠인과 에미시·에조(東北人とエミシ·エゾ)」에서 "도호쿠인의 자기인식은 참으로 어수선하다. 스스로를 에미시·에조(아이누)의 계보와는 무관한 곳에 두고 정벌자의 입장에 있음을 거리낌 없이 말해 '일본인' 혹은 '야마토 민족'의 일원이라고 의식하면서 한편으로 타자로부터는 에미시·에조시(視)된다는 모순 관계에 던져져 있다. 이 관계성 속에서 도호쿠인은 콤플렉스에 시달리며 그 타자들에게 손가락질당한 야만성·후진성을 벗겨내고 국민으로서의 보편성을 획득하려는 방향으로 노력해왔다"라고 서술한다.

한편, 『도호쿠─만들어진 이경(東北─つくられた異境)』에서 가와니시 히데미치(河西英通)는 메이지 유신에 따른 민족국가·일본 속에서 도호쿠에 사는 사람들은 차별적으로 인식되어 중앙에 사는 사람들과 '하나의 공동체'로서 상상되지 않았다고 한다. 그렇다면 도호쿠인의 '이질성을 벗겨내고 대등한 국민이 되려는 노력'은 보답받을 리

도 없다. 2ch의 게시글이 이를 나타내고 있다.

6.2 아테루이(アテルイ) 복권 운동과 에미시 의식의 각성

일본의 동질 사회화가 내각 총리대신의 '단일민족 발언'으로 절정에 달한 1980년대 후반 이후 도호쿠나 미나미큐슈에서는 일본인 내부의 '내부 다양성' 복권, '여러 일본'을 제창하는 운동이 일어났다. 도호쿠 출신 소설가 다카하시 가쓰히코(高橋克彦)는 2003년의 대담에서 '에미시의 후예라고 당당하게 말할 수 있는 사람이 나온 것은 최근 15년이나 그런 것 같다. …… 자신이 에미시의 후예라고 생각해도, 그것을 좀처럼 입에 올리지 않던 사람들이 최근에는 말하기 시작했다'라고 말한다(高橋·赤坂, p.182). 그 에미시의 후예라는 (민족)의식의 양성에 상징적인 역할을 한 것이 아테루이 복권 운동이었다.

아테루이는 8세기 말부터 9세기 초, 지금의 도호쿠 쪽 판도 확대를 노리는 야마토의 침략과 싸운 에미시의 지도자이다. 당시 아테루이들을 쓰러뜨리기 위해 간무(桓武) 천황이 제2차, 제3차 정토군 대장에게 내린 관명이 정이대장군(征夷大将軍)이었고, 그 칭호는 19세기 막부 말기에 이르기까지 무가 통령의 칭호로 남았다. 정이대장군의 유래가 된 중요 인물이지만, 1980년대까지 현지에서조차 그 이름을 아는 사람은 드물었다고 한다. 그것은 오랫동안 아테루이가 '일본사'의 전면 무대에 나올 일이 없었기 때문이다. 『심상소학국사(尋常小学国史)(상권)』(1935년)를 보면 에미시와 구마소는 천황의 위광을 따르지 않는 '인민을 괴롭히는 악한 자'로 (종종) 배반하고, 소란을 피우는 난감한 '도둑'이지만 일단 야마토가 움직이면 싸우지 않고 항복하는 한심한 패거리로 묘사된다. 한편 도호쿠는 정이대장군인 사카노우에노 다무라마로(坂上田村麻呂)의 정벌로 인해 비로소 평온해졌다며 다무라마로를 도호쿠의 은인으로 묘사한다.

야마토 정권은 8세기 초 지금의 센다이 앞이었던 판도를 8세기 중반에는 센다이 평야를 포함한 지역까지, 8세기 말에는 지금의 히라이즈미(平泉) 부근까지 확대해간다. 에미시는 저항하여 780년에는 야마토 세력 최북단 군사 거점인 다가죠(多賀城)를 불태웠으나 794년 헤이안쿄를 조성하는 간무 천황은 그 전후에 걸쳐 야마토 정권의 강화와 판도 확대를 노리고 에미시의 나라에 대한 침략을 격화시킨다. 그러한 야마토의 침략을 10여 년에 걸쳐 막아낸 것이 이사와(胆沢)를 거점으로 하는 아테루이였다. 『속일본기(続日本紀)』와 『일본후기(日本後紀)』(840년)에 따르면 아테루이가 이끄는 에미시군은 간무 천황이 788년에 보낸 5만 3000명의 대군, 794년 10만 명의 대군을 격퇴했으나 많은 전사자를 내고 75개 마을이 불태워지는 큰 손해를 입었다. 그 타격에서 벗어날 겨를도 없이 801년 2월 간무가 정이대장군으로 임명한 사카노우에노 다무라마로가 이끄는 4만 명의 제3차 정토군을 보내 아테루이들은 패해 참살당했다. 아테루이를 멸망시킨 야마토 세력은 9세기 중반까지 지금의 모리오카(盛岡)를 포함한 지역까지 북상하였다. 패배한 에미시들은 이후 귀신으로, 에미시의 수장 아테루이는 악귀나찰(悪鬼羅刹)인 아쿠로오(悪路王=중앙 정부를 따르지 않는 사악한 사람들의 왕)로 회자되게 되었다.

전술한 바 있는 다카하시는 2003년, "(에미시=아이누라고 보는) 20여 년 전(1980년대 초반)까지 대다수의 도호쿠 사람이 자신은 사카노우에노 다무라마로가 도호쿠를 평정한 후에 이주해 온 사람들의 후예이지, 에미시가 아니라고 생각했다. 그러나 이후 연구가 진행되어 에미시=아이누가 아니라고 정설화되었다. 그래서 비로소 도호쿠 사람들이 자신들은 에미시였던 것이 아닌가 하고 느끼기 시작했다"라고 말한다(高橋, pp.223-225; 高橋·赤坂, pp.181-183). 도호쿠인 중에는 야마토와의 동질성, 일본인으로서의 일체성을 설파하여 사회적 지위를 얻고자 하는 사람도 있었지만, 그러면 소수를 깔보는 다수에 영합할 뿐으로 진정한 정신적 해방은 얻을 수 없다. 구마가이 기미오(熊谷公男)는 에미시가 '북방적 요소와 남방적 요소를 다양한 비중으로 가진 여러 집단으로 구성된 복합적이고 다원적인 민족 집단'이라고 한다(熊谷, pp.44-47). 홋카이도의 아이누와 기나이(畿內=천황이 사는 교토 주변 지역)를 중심으로 하는 야마토, 쌍방의 영향을 받으면서 독자적으로 형성된 혼합 민족 집단이라는 정체성이다.

가호쿠 신보사 편집국이 발간한 『에미시-도호쿠의 원류(蝦夷—東北の源 流)』 최종장은 '도호쿠인이 이민족·에미시의 후예-괜찮지 않은가' '우리는 멸시당한 것도 포함해 야마토인과 에미시족에 모종의 차이가 있었다고 인식하고 그것을 더욱 전면에 내세워가야 하지 않는가'는 시인 사이토 쇼고(斎藤彰吾)의 말을 소개하면서 다음과 같이 서술한다. "도호쿠 사람들은 에미시라고 비난당하는 동안 '민족이 다르니까'라고 정색하고 뻔뻔하게 나오는 자세가 결여되어 그런 이념을 공유하지 못하고 지내왔다. 서쪽 문화가 뛰어나다

는 생각에 자신의 문화를 비하할 수밖에 없는 상황에 처해왔다
…… 우리 도호쿠인이 할 일은 …… 에미시라고 비방당하면서 멸망
을 강요당했다 …… 아테루이들과 마찬가지로 …… 에미시의 역사
를 걸머지고 에미시 문화를 확립하는 것이 아닐까"라고(河北新報社, pp.
344-346). 이러한 시점의 역전·전환이 아테루이 복권 운동을 촉발
한 것이다.

1980년대까지 현지 미즈사와(水沢)에서도 그다지 관심을 받지 못
했던 아테루이의 이름이 알려지기 시작한 것은 1989년 11월《아테
루이와 에미시전(展)》이 열린 무렵부터라고 한다(アテルイ通信 第26号,
p.2). 주최자는 아테루이가 이끄는 에미시들이 조정의 대군을 물리
친 엔랴쿠(延暦) 8년(789년) '스부세 전투(巣伏の戦い)'로부터 1200주년
을 기념해 현지 단코(胆江) 지역에서 결성된 시민단체 〈엔랴쿠 8년
모임(延暦八年の会)〉이다. 한편 1991년 4월 설립된 전국 조직 〈아테루
이를 현창하는 모임(アテルイを顕彰する会)〉은 회보 「아테루이 통신(アテルイ
通信)」을 발행하면서 스부세 전투에서 아테루이들이 진을 친 것으로
알려진 미즈사와 시 하구로(羽黒)산 속에 아테루이와 부장 모레의
위령비를 건립(2005년)하는 활동을 주도하기도 했다. 간사이 거주 이
와테현 출신들이 세운 〈간사이 아테루이 현창회(関西アテルイ顕彰会)〉도
아테루이 공양비 건립을 목표로 모금 활동을 벌여 1994년 11월 교
토(京都) 기요미즈데라(清水寺) 경내에 아테루이와 모레의 비를 건립
한 바 있다. 2002년 여름에 개봉한 영화《아테루이》는 제작비 1억
엔을 이와테 현민 운동으로 모아 제작자부터 감독, 성우, 주제가를
부를 가수에 이르기까지 도호쿠인의 힘으로 만들어냈다. 이러한

활동의 성과로 2002학년도까지 중학교 역사 교과서 8종 중 7종이 아테루이를 다루게 된다. 도쿄서적(東京書籍) 판 교과서는 '에미시의 저항'이라는 제목의 한 페이지에서 아테루이·모레의 비 사진을 싣고 '아테루이는 과거 조정을 저버린 악인으로 여겨졌으나 최근 지역민의 이익을 지키고자 한 영웅으로 재조명받게 되었다'고 기술하고 있다.

도호쿠인들은 승자가 그리는 역사를 사실로 여기고 고향을 지킨 선조의 영웅을 악인, 귀신으로서 계속 이야기해왔다. 도호쿠가 중앙에 종속되는 것을 끊고 자긍심을 되찾기 위해서는 '일본'의 역사 속에서 적이라 멸시되던 아테루이를 선조의 영웅으로서 재평가하는 작업이 필요했다. 아테루이 현창·복권 운동에는 도호쿠인 사이에 양성되어 온 부정적 이미지를 불식시키려는 염원이 담겨 있었다고 할 수 있다.

7. 맺음말

Nation state는 20세기 초 다민족 제국이었던 오스트리아·헝가리 등의 해체로 인해 생겨난 신흥국들을 한 민족 한 국가(one nation, one state)로 만들어야 한다는 정치 이념 속에서 확산했다. 여기서 민족은 국가나 영역(의 변경)과 한층 밀접하게 관련된 개념이 된다. 하지만 그때 만들어진 유럽의 새로운 국가들도 실태는 전혀 한 민족 한 국가가 아니었다. 일본 민족은 이러한 구세기적 환상의 개념이

다. 일본인=야마토 민족으로는 일본 국적자인 조선 민족이나 한민
족 등이 설 자리도 없다.

1988년 봄, 국회에서 문부성 초 · 중등 교육국장이 교과서 등의
기술에 '거의 대다수 구성원이 하나의 야마토 민족'으로 하는 것이
정당하다는 생각을 나타냈지만(第112回 国会衆議院文教委員会議録 第3号,
p.11), 19세기 중반까지 아이누모시리(アイヌモシリ, 아이누의 땅)였던 홋카
이도, 류큐 왕국이었던 오키나와는 물론이고, 이들을 제외하더라
도 여전히 그렇게 말할 수 없다. national identity의 핵심으로 여겨
져 온 야마토 민족이 일본 내에서 압도적 다수라는 것은 환상 · 허
구에 지나지 않는다.

현대적 인종주의 등에 관한 유엔 특별보고관(special rapporteur) 두
두 디온느(Doudou Dióne)는 2006년 보고서에서 균질하지 않은 일본
역사나 문화의 실상을 보이지 않게 하는 것이 일본의 인종차별이
나 배외 의식의 뿌리라고 지적했다(E/CN.4/2006/16/Add.2). 다수가 자
신들과 다른 개성과 문화를 긍정해야 다문화주의가 실현될 수 있
고, 자국이 다양한 민족 · 사람들의 집합체라는 인식은 편협한 내
셔널리즘의 예방도 된다. 그것은 동시에, 지금까지 자신의 정체성
에 무관심했던 다수도 '나는 누구인가'라고 자문하는 일의 시작이
될 것이다.

재일한국인과 아이누 민족에 대해서는 다수로서 근현대 역사상
의 역사적 책임을 져야 할 일본인 중에도 수많은 서벌턴이 존재한
다. 천황제 국가 안에서 왕화(야마토)에 복종하지 않는 자로서 주변
화된 서벌턴이 야마토와 동일화하고자 하여도 진정으로 받아들여

지는 일은 없고, 정체성 왜곡으로 고통받게 된다. 부정적 낙인이 찍힌 민족성을 긍정적으로 다시 보는 정체성의 탈구축이 필요하다. 강자에 영합하는 것이 아니라 소수와 공명·연대함으로써 남의 일이 아닌 다문화주의로 나아갈 수 있다.

일본인들은 민족을 국가와 분리하고 여러 개인이 뿌리와 고향, 풍토를 바탕으로 구축하는 정체성의 원천, 개성의 한 요소로 다시 규정해야 한다. 그때 동질 사회라는 환상으로 감춰 온 '일본인' 내부의 다양성이 해방된다. 서벌턴의 주체화 시도에는 다양성에 의해 발전하는 향후의 세계, 다양한 출신이나 문화를 서로 인정함으로써 보다 높은 통합을 낳는 새로운 원리를 주도할 가능성이 있다고 말할 수 있을 것이다.

| 참고문헌 |

井上満郎(2006)「畿内移住後の隼人をめぐって」, 上田正昭編, 『古事記の新研究』, 学生社, p.205.

上村俊雄(1990)「南九州の考古学」『隼人世界の島々(海と列島文化第5巻)』, 小学館, p.82.

小熊英二(1995)『単一民族神話の起源』, 新曜社, pp.340-364.

岡本雅享(2014)『民族の創出』, 岩波書店 pp.2-6, pp.109-154, pp.379-401.

_____(2013)「日本におけるヘイトスピーチ拡大の源流とコリアノフォビア」『レイシズムと外国人嫌悪』, 明石書店, pp.50-75.

_____編著(2005)『日本の民族差別—人種差別撤廃条約からみた課題』, 明石書店, pp. 68-268.

加藤忠(2007)「研究倫理と先住民族アイヌの人権」, 煎本孝・山岸俊男編, 『現代文化人類学の課題—北方研究からみる』世界思想社, pp.65-66.

河北新報社編集局(1979)『蝦夷—東北の源流』, 河北新報社 pp.344-346

菊池勇夫(1999)「東北人とエミシ・エゾ」『東北学』1号, pp.200-207.

喜田貞吉(1980)『蝦夷の研究』(著作集9), 平凡社, p.49.

_____(1979)『民族史の研究』(著作集8), 平凡社, pp.17-18.

金田一春彦(1988)『日本語(上)』, 岩波書店, p.59.

_____(1975)『日本の方言』, 教育出版, pp.24-25.

工藤雅樹(2001)『蝦夷の古代史』, 平凡社 p.168, p.229.

熊谷公男(1998)「蝦夷論と東北論」『歴史の中の東北』, 河出書房新社, pp.44-47.

倉島長正(1997)「『国語』と『国語辞典』の時代・上—その歴史—」, 小学館, p.iii.

崎谷満(2009)『新日本人の起源—神話からDNA科学へ』, 勉誠出版, p.1, p.63.

_____(2008) 『DNAでたどる日本人10万年の旅—多様なヒト・言語・文化はどこから来たのか?』, 昭和堂 pp.152-153.

高橋克彦(2000)「蝦夷の精神史」『東北学』2号, pp.223-225.

高橋克彦・赤坂憲雄(2003)「蝦夷とはだれか」『日本再考—東北ルネッサンスへの序章』, 創童舎, pp.181-183.

遠山茂樹(1991)『明治維新と天皇』, 岩波書店, pp.7-14.

中村明蔵(2001)『隼人の古代史』, 平凡社, p.24, pp.32-35, pp.61-63, p.69.

西尾幹二(2005)『民族への責任』, 徳間書店, p.19.

信夫淳平(1919)『東欧の夢』, 外交時報社, pp.101-105.

Lafcadio Hearn, Glimpses of Unfamiliar Japan, 1894(DODO Press. 2007) pp.138-139.

檜山鋭(1904)『対外日本歴史』, 文会堂, pp.43-44.

村上重良(2003)『日本史の中の天皇―宗教学から見た天皇制』, 講談社, pp.144-145.

山浦玄嗣(1991)『ヒタカミ黄金伝説』, 共和印刷企画センター, pp.46-47.

山口仲美(2006)『日本語の歴史』, 岩波新書, p.172.

安田敏朗(1999)『<国語>と<方言>のあいだ―言語構築の政治学』, 人文書院, p.100.

隼人文化研究会編(1993)『隼人族の生活と文化』, 雄山閣, p.307, p.520.

隼人町教育委員会・志學館大学編(2004)『隼人学』, 南方新社, pp.400-401.

人吉市史編纂協議会(1981)『人吉市史』, ぎょうせい, p.55.

『アテルイ通信』第26号, 1999年7月

第107回国会衆議院予算委員会議録第1号 1986年10月3日, 第3号 同年11月4日

第107回国会衆議院文教委員会議録第2号 1986年11月26日, 第3号 同年11月28日

第112回国会衆議院文教委員会議録第3号 1988年3月30日

UN Doc. CCPR/C/10/Add.1, 14 November 1980

_____. CCPR/C/SR.324, 10 November 1981

_____. E/CN.4/2006/16/Add.2, 24 January 2006(Report of the Special Rapporteur on Contemporary Forms of Racism, Racial Discrimination, Xenophobia and Related Intolerance, Doudou Diène)

정치적 주체의 불/가능성
오키나와 서발턴의 '자기 결정권'

김 경 희

1. 머리말

포스트식민주의(Postcolonialism)[1] 이론가로 손꼽히는 가야트리 차크라보르티 스피박(Gayatri Chakravorty Spivak)은 자신의 논문 「서발턴

---

[1] 포스트콜로니얼리즘(Postcolonialism)은 포스트식민주의, 또는 탈식민주의로 번역되고 있지만, 그 의미를 어느 한쪽으로 규정하기는 쉽지 않다. 제2차 세계대전의 종전을 기점으로 서구 제국들의 식민 통치는 끝났다고 보이지만, 종전 이후의 서구와 제3세계의 정치적 문제들이 복잡하게 얽혀 있어 포스트콜로니얼리즘을 둘러싼 여러 논쟁을 야기하고 있다. 거기에는 '포스트'(post)라는 영어 단어의 접두사를 어떻게 해석할 것인가가 중요한 문제가 된다. '포스트'를 '이후'(after)라는 의미로 해석하면 식민주의의 연장선상에서 파악해야 할 일종의 식민주의 유산이 되고, '탈피'나 '초극'(beyond)의 의미로 해석하면 식민주의의 해체와 극복이라는 탈식민주의의 정체성을 획득하게 된다(이경원 (2011)『검은 역사 하얀 이론』, 한길사, pp.25-26 참고). 여기서는 이 글에서 다

은 말할 수 있는가?(Can the Subaltern Speak?)」(1988/1999)[2]에서 종속적 사회집단이나 하위주체를 뜻하는 '서발턴(Subaltern)'[3]의 개념을 확장하여 교육을 받지 못한 '제3세계'의 가난한 여성들이 자신의 목소리를 갖기 어려운 이중적인 구조 속에 놓인 것에 주목하였다.[4] 서발턴은 계급, 민족 혹은 민중 등으로 대표되는 고정적이고 통합된 주

루는 일본의 오키나와라는 공간이 법적으로는 식민지의 상태가 아니지만, 여전히 구조적 차별과 폭력에 노출되어 있다는 문제의식에서 포스트식민주의로 번역하여 사용한다.

2　스피박의 「Can the Subaltern Speak?」 에세이는 1983년 여름에 일리노이 대학에서 「Power and Desire」이라는 제목으로 처음 발표되었고, 1988년에 「Marxism and Interpretation of Culture」라는 논문집에 「Can the Subaltern Speak?」라는 제목으로 실렸다. 이후 본문을 수정해 1999년 저작 『포스트식민 이성 비판』의 3장 '역사' 부분에 일부로 재수록했다. 국내에서는 태혜숙이 첫 판본(1988)을 「하위주체는 말할 수 있는가?」라는 제목으로 번역하여 『세계사상』(4호, 1998)에 수록하였고, 이후 2005년에 『포스트식민 이성 비판』(공역, 갈무리, 2005)이 번역되었다. 『서발턴은 말할 수 있는가?:서발턴 개념의 역사에 관한 성찰들』(그린비, 2013)에는 1999년의 수정본이 1부로, 1988년의 원본이 부록으로 수록되었다.

3　원래 군대 내 특정 계급을 지칭했던 'subaltern'이란 용어를 이탈리아의 마르크스주의 사상가 안토니오 그람시(Antonio Gramsci, 1891~1937)가 'Subaltern(하위주체)'이라는 개념으로 차용하였다. 하위주체란 지배계층의 헤게모니에 종속되어 권력을 갖지 못하는 하층계급으로서, 그람시는 프롤레타리아를 대신하여 지칭했다.

4　스피박이 교육을 받지 못한 '제3세계'의 가난한 여성들을 서발턴으로 지칭하였지만, 반드시 교육을 받지 못한 가난한 여성만을 의미하는 것은 아니다. 그녀가 자신의 논문 「서발턴은 말할 수 있는가?」에서 제3세계 여성 서발턴의 침묵과 자기파괴적 행위를 실증하기 위해 예로 든 것은 라니 굴라리와 부바네스와리 바두리이다. 라니는 죽은 남편을 따라 자신을 불태우는 힌두교 과부 순사(殉死) 제도인 사티(Sati)의 당사자였고, 부바네스와리는 인도 비밀독립운동 단체의 조직원으로 활동하다 자살한 여성으로서 가난하고 교육을 받지 못한 여성이 아니다. 스피박은 라니가 인도 지배계급 토착주의자들의 가부장제와 19세기 대영제국의 식민 역사 사이에서 말을 할 수 없었고, 부바네스와리는 자신의 죽음으로써 말하기를 시도했지만, 끝내 그 시도는 실패했다고 지적하고 있다. 이 점에서도 서발턴이 누구인가 하는 점보다는 그들을 서발턴으로 만들어 가는 구조에 주목할 필요가 있음을 알 수 있다.

체가 아닌, 비서구 사회의 종속적 위치에 있으며 억압받는 개인이
나 주변부의 집단을 의미하는 확장된 개념으로 사용되고 있다.

  그렇다면, 스피박이 서발턴 개념을 통해 말하고자 한 것은 무엇
인가? 우선 그녀의 논문 제목에서 짐작되듯이, 서발턴 담론은 누가
서발턴인가? 라는 물음과 함께 서발턴이 자신의 처지에 대해 말할
수 없다는 것인지, 말할 수 있다는 것인지에 대한 논의를 불러온다.
다만, 전자의 입장이라 하더라도 서발턴을 자신의 처지에 대해 아
무런 말을 할 수 없는 무력한 희생자로 만들 우려가 있고, 후자의
경우는 서발턴을 권력에 저항하는 주체로 대상화할 수 있다. 여기
에는 지식인이라 불리는 연구자가 서발턴으로 규정한 대상에게 자
신의 의도대로 말하게 하는 복화술을 수단으로 삼아왔다는 비판이
내포되어 있다. 스피박은 자신이 쓴 1988년의 첫 판본에서 '서발턴
은 말할 수 없다'고 한 것에 대해, 1999년의 수정본에서는 '서발턴
은 말할 수 없다!는 선언이 권장할 만한 주장이 아니었다'[5]고 고쳐
쓴 것을 볼 때, 서발턴은 말할 수 없다고 단정한 것이 아니라는 점
을 알 수 있다. 그러나, 서발턴의 '말 없음에 우리[6]가 공모하고 있다
는 사실을 인정하는 것이 중요하다'[7]는 말을 통해 여전히 서발턴에
게 침묵이 종용되고 있다는 점에서 그들의 말하기가 가능한지에
대한 그녀의 질문은 유효하다. 또한, 그것은 서발턴을 타자로 구성

---

5 가야트리 스피박, 태혜숙 외 옮김(2006)『서발턴은 말할 수 있는가?: 서발턴 개
   념의 역사에 관한 성찰들』, 그린비, 2013, p.135.
6 스피박 자신을 비롯한 지식인 그룹, 주로 서발턴을 대상으로 하는 연구자를 비
   롯한 엘리트 그룹을 가리킨다.
7 가야트리 스피박, 태혜숙 외 옮김(2006), 위의 책, p.135.

하는 지식인의 지(知)의 폭력[8]이 연구의 장에서 어떻게 작동하는지에 대한 경고임에 주의할 필요가 있다.

이와 같이 스피박의 서발턴 연구에서는 서발턴이 놓인 이중 삼중의 구조적 차별을 가시화하고, 그들이 정치적, 문화적, 사회적 주체로서 목소리를 내지 못하도록 만드는 저해 요인을 살펴보며 그것을 극복해 가는 실천적 공간이 중요시된다. 그런 점에서 서발턴 연구는 목소리를 낼 수 없는 사람들에 관한 연구라기보다는 사람들의 주체적인 목소리가 종속적인 위치에 놓임으로써 어떻게 서발턴이 되었는가에 대한 연구라는 마키 안나(牧杏奈)[9]의 지적이 주목된다. 이는 구조상의 종속적 위치를 확인함으로써 주체적인 행동과 주장을 하는 이들을 종속적인 위치로 만들어버리는 정치구조와 언설구조에 작동하는 권력의 문제를 규명하는 데에 의의를 가진다. 사람들을 서발턴으로 만드는 구조상의 문제에 주목하여 차별과 배제의 시스템이 묵인되고 용인되는 현대 사회를 비판의 눈으로 성찰하는 시각이 필요하며, 주체적 존재로 형성해 가는 데에 어떠한 왜곡과 굴곡이 있는지를 추적하는 과정이 요구된다.

이 글에서는 오키나와라는 공간에 주목하여 오키나와인들이 자

8　스피박은 1972년에 이루어진 미셸 푸코(1926~1984)와 질 들뢰즈(1925~1995)의 대담을 인용하며 지식인이 대중을 재현하는 방식을 문제 삼고 있다. 권리를 박탈당한 사람들에게 행위 능력을 부여해 주체성을 복원한다는 지식인의 주장은 그들을 단일한 행위 주체로 구축하는 행동이라고 경고하면서, "서발턴에 대한 복화술은 좌파 지식인들의 상투적 수단이자 밑천"(가야트리 스피박, 태혜숙 외 옮김(2006), p.58)이라고 비판하였다.

9　牧杏奈(2021)「「サバルタン」研究―概念的な特性と意義」『明治大学社会科学研究所紀要』第59巻第2号, 明治大学社会科学研究所, p.108.

신들의 주체적인 주장과 의사에도 불구하고 여전히 차별과 폭력의 굴레로부터 벗어나지 못하는 상황을 서발턴적 시각에서 접근해보고자 한다.[10] 그들이 놓인 구조적 차별의 상황이 어떤 것이었는지, 그들의 주체적 말하기는 가능하였는지, 그것을 저해하는 요인이 무엇이었으며, 그것을 극복해 가는 과정을 통해 정치적 주체로서의 실천은 가능한 것인지를 생각해본다. 일본의 패전 이후, 미군의 점령기를 거쳐 1972년 일본으로의 복귀가 이루어진 이후로도 지속되는 미군 기지 문제들을 시야의 중심에 넣으면서 그 과정에서

---

10 오키나와의 기지 문제를 둘러싸고 한국에서도 많은 번역 작업과 연구논문 등이 보고되고 있다. 한국과 동아시아의 평화 문제와 관련하여 오키나와의 기지 문제를 다루거나 오키나와의 조선인 문제, 오키나와 문학작품 분석 등을 통해 오키나와 차별에 접근하는 연구들이 있다. 그 가운데, 다카하시 데쓰야(高橋哲哉, 2012)의『희생의 시스템 후쿠오카 · 오키나와(犠牲のシステム 福島 · 沖縄)』(集英社新書)와 아라사키 모리테루(新崎盛暉, 2012)의『오키나와, 구조적 차별과 저항의 현장(新崎盛暉が説く構造的沖縄差別)』(高文研) 등이 국내에 번역되면서 오키나와의 지속적인 차별과 희생이 당연시되는 상황이 연구의 장에서 논의되고 있다. 이 글은 그러한 선행연구의 성과를 확인하는 한편, 오키나와의 문제가 서발턴 담론에서도 충분히 다뤄질 필요가 있다는 점에서 출발하였다. 일본에서 오키나와 서발턴에 관한 선행연구로는 지글러 폴(ジグラー · ポール, 2008)이 미군 병사와 이혼한 오키나와 여성의 차별 문제를 다룬 논문「서발턴 오키나와─현대 비극의 단장(サバルタン沖縄─現代悲劇の断章)」(『葦牙』, 同時代社, pp.6-18)과, 마에타케니시 가즈마(前嵩西一馬, 2020)가 교육적 측면에서 오키나와의 역사와 현재를 어떻게 가르칠 것인가를 살펴본 논문「'타자'라는 언설─아이들에게 이야기하는 오키나와학(「他者」という罠─こどもたちに語る沖縄学)」(『桜文論叢』102, 日本大学法学部, pp.95-120) 등이 보고되고 있다. 그 외로는, 도쿄외국어대학(東京外国語大学) 도모쓰네 쓰토무(友常勉)를 중심으로 국제일본연구센터(国際日本研究センター)에서 심포지엄「민중의 기억과 동아시아 민주주의─서발턴의 목소리 듣기(民衆の記憶と東アジアの民主主義─サバルタンの声を聴くこと)」(2014)를 개최해온 이래, 최근 2021년에는 국제워크숍〈오키나와와 포스트식민주의문학─사키야마 다미와 '류큐방언'이라는 폭탄(沖縄とポスト植民地主義文学─崎山多美と〈シマコトバ〉というバクダン)〉을 통해 관련 연구들이 보고되었다. 한편, 국내에서는 서발턴 담론에서 오키나와를 살펴보는 관점이 시작되고 있는 상황이라고 할 수 있다.

오키나와인의 자기결정권은 어떻게 가능한지를 살펴본다.

2. 오키나와 서발턴의 구조적 차별

일본의 서발턴 연구에서 오키나와라는 공간이 갖는 의미는 매우 상징적이며 중층적이다. 오키나와 이전에 존속했던 류큐왕국은 독립국에서 일본령으로 복속되어 식민지가 되었고, 태평양전쟁에서 일본이 패하면서 오키나와는 미군정의 통치하에 들어갔다. 다시 일본령으로 복귀하는 '오키나와 반환'이 이루어진 이후에도 오키나와는 일본 내 미군기지의 부담을 고스란히 떠안고 있으며, 미군기지 후텐마(普天間) 비행장 이전 문제 등에서 그들의 의사는 반영되지 못한 채 희생을 강요받고 있다.

오키나와의 역사를 생각할 때, 가장 선명하게 드러나는 것은 바로 일본과의 관계에서 만들어진 식민지의 문제를 안고 있다는 점이다. 현재는 오키나와가 법적으로 식민지가 아니지만, 그들이 역사적으로 지금까지 희생과 차별의 시스템[11]에 놓여있는 상황이 일본인들에게 당연시되고 있다면 그것은 어떻게 설명해야 할까? 과연 오키나와는 식민지에서 벗어난 정치적 주체로서 그들의 의사를

---

11 다카하시 데쓰야는 『희생의 시스템 후쿠시마 오키나와』에서 후쿠시마의 원자력 발전과 오키나와의 미일 안보체제 문제를 각각 '희생의 시스템'으로 파악하고, 전후 일본이라는 국가 자체를 '희생의 시스템'으로 파악하는 관점의 필요성을 제기하고 있다(다카하시 데쓰야, 한승동 옮김(2013)『희생의 시스템 후쿠시마 오키나와』, 돌베개, pp.6-7).

결정하고 행사할 수 있는 상황이라고 할 수 있을까? 전쟁과 점령, 식민지를 통해 일본이라는 지배자의 위치와 오키나와라는 피지배자의 위치가 생성된 이래, 차별받는 구조 속에서 그들은 정치적 주체가 되지 못하고 있다. 일본 정부에 대한 우치난추(오키나와인)[12]의 평화와 인권을 되찾기 위한 저항의 목소리는 현재도 끊이지 않고 있다.

오키나와에 대한 구조적 차별[13]을 살펴보기 위해 외부의 침략과 점령에 따른 식민지기를 네 개의 시기별로 나누어본다.[14] 첫 번째

---

12 오키나와에서는 오키나와어로 일본 본토를 '야마토', 본토 사람을 '야마톤추'라고 칭하고, 오키나와를 '우치나', 오키나와인을 '우치난추'라고 부른다. 이러한 호명 속에는 일본 본토에 대한 오키나와인들의 주체성이 나타난다고 할 수 있다.

13 아라사키 모리테루에 따르면 '구조적 차별'이란 단어를 사용하지 않고는 오키나와의 현실을 설명하기 어렵다. '구조적'이란 단어의 의미는 "어떤 전체를 구성하는 여러 요소가 상호 관련하고 있는 모양. 하나의 정리된 것으로서 조립된 모습"이라고 되어 있다. 이를 '구조적 오키나와의 차별'에 입각해 말하자면, 일본·미국·오키나와·기지 등 다양한 요소가 엮어내는 구조에서 오키나와에 대한 기지 강요를 중심으로 하는 차별적 구조는 미일안보체제 유지에 필요불가결한 요소로 여겨져 왔다. 그것은 시간이 지나면서 '오키나와 미군기지라는 존재를 당연시'하는 사고의 정지 상태를 낳았다. 그런 가운데 일본 정부는 미군재편 재검토협의에서 해병대 일부를 본토로 이전하고 싶다는 미국의 제안을 거부하고, (중략) 맹렬한 반발의 소리가 있음에도 오키나와에는 배치를 강행하려한다. 수상이나 각료는 오키나와를 방문할 때마다 오키나와의 민의에 귀를 기울이겠다고 말하지만, 한 번도 실행한 적이 없다. 이러한 정치적 현실에 대해 오키나와의 많은 이들은 구조적 차별이라는 표현을 사용하지 않을 수 없게 되어 버렸다.(아라사키 모리테루, 백영서·이한결 역(2013)『오끼나와, 구조적 차별과 저항의 현장』, 창비, pp.13-14)

14 여기서는 크게 사쓰마번의 류큐침략이 있던 1609년부터 오키나와 반환이 이루어진 1972년 그 이후의 기간을 염두에 두고 전쟁과 점령, 식민지에 따른 네 개의 시기로 나누었다. 오키나와의 침략의 역사를 살펴보기 위해 다음의 논저들을 참고하였음을 밝혀둔다. ひろたまさき(2008)『差別からみる日本の歴史』, 解放出版社; 정근식·주은우 외 편저(2008)『경계의 섬, 오키나와』, 논형; 아라키 모리테루, 정영신·미야우치 아키오 옮김『오키나와 현대사』, 논형 등.

는 일본의 사쓰마번(薩摩藩, 지금의 가고시마현(鹿児島県))에 의한 류큐 침략이다. 1591년 도요토미 히데요시(豊臣秀吉)는 사쓰마번주(薩摩藩主) 시마즈 요시히사(島津義久)를 통해 류큐에 조선 출병을 명했으나 류큐왕 쇼씨(尚氏)는 이를 거부했다. 1603년 에도(江戸) 막부가 성립하자 이번에는 축하 사절단을 보내도록 독촉하였으나 류큐는 그에 응하지 않았다. 이것들을 구실로 도쿠가와 이에야스(德川家康)의 허가를 받은 사쓰마번은 1609년에 3천명의 군사를 이끌고 류큐를 공격하기에 이른다. 군대와 무기를 갖고 있지 않던 류큐는 제대로 저항하지 못한 채 사쓰마번의 속령이 된다. 이때 막부는 류큐와 중국 간에 행해지는 조공무역의 이익을 중간에서 가로채고자 류큐를 독립국인 것처럼 꾸미게 했다. 사쓰마번 통치하에 있으면서도 중국과의 관계를 고려하여 형식적인 독립을 유지시킨 셈이다. 그 결과 류큐는 중국과 일본의 속국이 되어 이중으로 조공을 바치게 되는 상황에 놓인다. 겉으로는 독립국이었지만, 실제로는 이중으로 속국이 되는 일중양속(日中両属)의 상황이 류큐 처분(琉球処分)이 일어나는 1879년까지 270년간이나 지속되었다.[15]

도쿠가와 막부는 막부의 권위를 높이려는 구실로 류큐 국왕에게 쇼군(将軍) 교체에 대한 경하사(慶賀使)와 류큐왕 쇼씨의 교체에 감사하는 사은사(謝恩使) 파견을 요구한다. 첫 사례는 1634년에 즉위한 지 10년이나 지난 도쿠가와 이에미쓰(德川家光)[16] 쇼군의 축하 사절단

---

15 류큐는 일중양속의 상황에서도 독립국을 유지하고 있었기에, 1854년에 미국과의 수호조약을 맺은 이후, 1855년에는 프랑스, 1859년에는 네덜란드와 수호조약을 체결했다.
16 도쿠가와 이에미쓰(德川家光, 1604~1651)는 에도 막부의 제3대 장군으로, 재

을 오게 한 것이다. 시마즈 이에히사(島津家久)에 이끌려 교토 니조성
(二条城)으로 온 류큐 일행은 중국인 옷차림을 해야 했는데, 쇼군에게
복종하는 중국인들을 연출하기 위한 것이었다.

두 번째는 류큐 처분(1872~1879)의 실행이다. 450년 동안 존속한
독립국 류큐국(琉球国, 1429~1879)은 메이지 정부의 일방적 '폐번치현
(廃藩置県)'의 단행으로 일본 본토로 강제 병합된다. 류큐국이 일본
내 하나의 현(県)인 오키나와현으로 복속되는 과정에는 일련의 정
치적 배경이 있었다. 메이지 유신(明治維新)을 통해 근대 국가를 세우
려는 일본은 더 이상 조공무역이 필요 없게 되자 류큐국의 독립성
을 인정할 필요가 없어진 것이다. 1872년 메이지 정부는 가고시마
현(鹿児島県, 이전의 사쓰마번)을 통해 류큐에 '유신'에 대한 '경하사'를
요구했고, 사절단이 도쿄에 오자 류큐 국왕을 번왕(藩王)으로 강등
하여 귀족인 화족(華族)과 동등한 지위를 부여하는 조서를 내렸다.
일본은 류큐 처분을 통해 류큐는 중국의 조공국이 아니며 일본 제
국의 영토가 되었음을 선언하고 류큐가 맺은 외교 관계 또한 모두
승계함을 선포한다.

이후 1874년에 류큐의 표류민들이 타이완에서 피살되는 사건[17]
이 벌어지자 일본은 그 일로 군사를 이끌고 타이완을 공격한다. 류
큐가 속령이라는 사실을 감출 필요가 없게 된 일본은 청나라에게

위 기간은 1623년부터 1651년까지이다.

17 1871년 12월 오키나와 열도의 미야코지마섬(宮古島)에 사는 류큐국의 주민들
이 태풍으로 조난을 당해 타이완섬 남쪽에 표류했다가 원주민 마을에서 전체
66명중 54명이 살해되었다. 살아남은 12명은 중국계 주민에게 구조되어 이듬
해인 1872년에 송환되었다.

류큐인들이 피살된 것에 대한 배상으로 타이완을 요구한다. 청나라는 일본과 해상전을 벌일 겨를이 없자 사실상 조공국을 일본에게 내주게 된다. 이로써 수 천년 동안 지속된 중국 중심의 조공체제가 무너지기 시작하면서, 이후 1876년 메이지 정권은 조선에 함대를 보내 강화도 조약을 체결하고, 1879년에 류큐왕국을 합병한다.

타이완을 두고 청나라와의 힘겨루기에 성공한 일본은 1875년 실질적인 류큐 통치를 위해 내무대신을 파견해 청나라와의 통교단절을 비롯한 10개 조항을 요구했으나 류큐가 이에 저항했다. 이후, 1879년 일본 내무성에서는 1875년에 요구했던 사항을 준수하지 않은 것에 대한 처벌로서 류큐를 무력으로 공격하여 슈리성을 넘겨받고 폐번치현을 선포한다. 국법을 위반한 것에 대한 처분으로서 번왕의 지위를 박탈하고 류큐를 폐번하여 오키나와현을 설치한 것이 명분이었다.

세 번째는 일본의 태평양전쟁과 미군정의 시기이다. 앞서 살펴본 바와 같이 일본의 근대 국가는 이민족을 병합한 제국으로 출발했고, 오키나와의 근대화는 일본의 식민지를 통해 시작되었다. 태평양전쟁에서 오키나와는 본토 방어를 위한 최후의 저지선으로서 1945년 미군과의 유일한 지상전인 오키나와 전투[18]를 벌이게 된다. 미국과 일본의 최대 격전지가 된 오키나와는 막대한 인명 피해를 내는 커다란 희생을 치르게 된 것이다.

---

18 1945년 태평양전쟁에서 패색이 짙어진 일본은 미군이 점령하기 직전 주민들에게 '옥쇄(玉碎·깨끗하게 죽음)'를 강요했으며, 오키나와 전투에서 주민의 4분의 1에 해당하는 10만 여명이 목숨을 잃었다.

오키나와 전투에서 벌어진 집단자결과 주민학살 등에 관한 연구 자로 오키나와 전투의 체험 기록 운동을 이끌며『오키나와 현사(沖縄県史)』집필에 참여했던 아니야 마사아키(安仁屋政昭)는 오키나와 전투에 대해 다음과 같이 이야기한다.

'일본의 패전은 필연적'이라는 인식하에 싸워야 했던 오키나와 전투는 미국과 일본의 마지막 지상전이었다. 오키나와 주민에게는 전후 사의 '고뇌와 굴욕의 원점'이 되었다. 10만여 오키나와 수비군의 임무는 주민의 생명과 재산을 지키는 것이 아니라, 미군의 '본토 침공'을 막기 위해 지구전으로 버티는 것이었다. 절체절명의 당면과제인 천황제 유지를 위해서는 본토 결전의 준비 및 종전 교섭 시간을 벌어야 했다. 오키나와 수비군은 오키나와현에 '군민공생공사(軍民共生共死)의 일체화'를 지시하고 '나무 한 그루, 풀 한 포기라도 전력화해야 할 것'이라며 남녀노소를 불문하고 전쟁에 동원했다(『류큐신보』, 2005.4.1.).[19]

아니야의 서술에서 보듯이 오키나와 전투에서 일본 군인에게 주어진 임무는 주민들의 생명과 안전을 지키기 위한 것이 아니었다. 일본은 패전을 피할 수 없게 된 상황에서 미군의 일본 본토 침공을 막기 위해 시간을 벌어야 하는 버티기용의 방패막이가 필요했다. 일본 본토를 살리기 위해 오키나와를 희생하는 일에 오키나와의 모든 주민을 전쟁터에 동원한 것이다.

---

19 메도루마 슌, 안행순 옮김(2013)『오키나와의 눈물』, 논형, p.19.

오키나와에 대한 일본 정부의 그러한 인식은 패전 이후 미군정이 진행된 상황에서 일명 '천황의 메시지'[20]를 통해 더욱 극명하게 드러난다. 1947년 9월 19일 쇼와(昭和) 천황은 궁내부(宮內府) 고문인 데라사키 히데나리(寺崎秀成)를 통해 연합국 최고사령부(GHQ)에 미국의 오키나와 군사 점령에 관한 자신의 의향을 전했다. 그것은 20일에 연합국 최고사령관에게 전달되고, 22일에는 미국 국무장관에게 보고되었는데, 내용은 다음과 같다. 첫째, 미국에 의한 류큐 제도의 군사 점령이 계속되길 바라며, 둘째, 위의 점령은 일본에 주권을 남긴 채 장기 조차(租借)하는 형식에 의하며, 셋째, 위의 절차는 미국과 일본의 양자 조약에 따른다. 또한, 미국의 오키나와 점령이 미국과 일본 모두에게 이익이 되며 공산주의 세력의 대두를 우려하는 일본 국민으로부터도 승인을 얻을 수 있을 것이라는 내용이다. 이러한 천황의 메시지는 패전 이후 자국의 주권을 되찾기 위해 일본이 식민지 오키나와를 얼마든지 희생시킬 수 있음을 보여주는 사례이다. 오키나와의 주권은 일본이 가지면서 미국의 군사점령은 20년 내지는 50년, 그 이상의 장기 통치도 얼마든지 가능하다는 일본 천황의 메시지는 그야말로 오키나와에 대한 폭력성을 여실히 드러낸다. 결국 GHQ에 의한 미군 점령기가 끝난 일본은 주권국가로 복귀하면서도 오키나와는 다시 미국의 신탁통치 하에 들어간다. 패전 이후 오키나와는 27년간이나 미군의 점령지로 남아 미국과 일본의

---

20 '천황의 메시지'에 관한 자료는 오키나와현공문서관(沖縄県公文書館)에 공개 중이다. 오키나와현공문서관 홈페이지,
   https://www.archives.pref.okinawa.jp/news/that_day/4730(검색일: 2023.6.27.)

이중적인 압박과 통치를 받는 곳이었다.

네 번째는 1972년에 일본으로의 복귀가 이루어진 시기이다. 오키나와에 주둔하는 미군이 비약적으로 증가함에 따라 사건과 사고[21]가 빈발하자 오키나와인들은 미군에 대항하기 위한 투쟁으로서 일본 본토로의 복귀를 요구한다. 1971년 6월 17일에 오키나와 반환에 관한 협정이 체결됐지만, 미일 군사동맹으로 오키나와의 미군기지는 축소 없이 그대로 유지하는 방향으로 결정되었다. 패전 이후 일본은 평화헌법 아래 평화국가 일본을 내세워 왔지만, 사실상 오키나와는 평화헌법에서는 제외된 공간인 셈이다.

미군기지가 집중된 오키나와에서는 기지로 인한 피해가 끊이지 않는 가운데, 1995년 9월 4일 미군병사 세 명이 길 가던 초등학교 여학생을 납치해서 성폭행한 사건이 일어났다. 이 사건을 계기로 오키나와 시민들은 크게 분노하기 시작했다. 더구나 가해자들인 미군의 신병을 일본 측에 인도할 수 없다는 미일 지위협정에 따라

---

21 1955년 9월 3일 이시카와시(石川市)에 사는 나가야마 유미코(6세) 어린이가 미군 병사에게 폭행당해 살해되어 가데나(嘉手納) 해안에서 사체로 발견되었다. 가해자는 가데나 기지 제22 고사포대대소속 H중사(31세)였다. 격렬한 항의운동이 전개되자 미군 당국은 '엄벌에 처한다'고 발표하고 12월 6일에 사형을 선고했지만, 그 후 본국으로 송환되어 결국 흐지부지되었다(『오키나와 대백과사전』(오키나와타임즈)). 1963년 2월 28일 나하시(那覇市)의 이즈미자키교(泉崎橋) 앞 1호선(현 국도 58호)에서 발생한 중학생 사고사로 우에노야마(上山) 중학교 1학년 고쿠바 히데오(国場秀夫)가 파란 신호를 확인하고 횡단했으나, 제3 해병사단 소속의 미군 병사(20세)가 운전하는 대형 트럭이 신호를 무시하고 돌진하여 소년이 사망하였다. 그럼에도 5월 1일에 열린 군법회의에서 가해자는 무죄판결을 받았다. 재판은 방청을 허용하지 않았고, '등 뒤에서 비추는 태양의 반사로 표식이 보이지 않았다'라고 발표되었을뿐 판결문조차 명시되지 않았다(메도루마 슌, 안행순 옮김(2013)『오키나와 대백과사전』『오키나와의 눈물』, 논형, pp.15-16).

범인들이 인도되지 않은 것이 더욱 큰 문제였다. 10월 21일 오키나와에서는 주민 8만 5000명이 참가하여 미군에 의한 성폭행 사건에 항의하는 현민총결기대회가 열렸다. 오키나와의 평화를 되찾기 위해 시작한 투쟁은 미일 안보체제를 뒤흔드는 사태로 발전한다. 이것을 계기로 1996년 4월 12일 하시모토 류타로(橋本龍太郎) 총리가 월터 먼데일 주일 미국대사와 만나 후텐마의 미군 기지를 5~7년 내 전면 반환할 것에 합의했지만, 결국 1999년 12월에 후텐마의 기지를 오키니와현 내 헤노코(邊野古)로 이전하는 것으로 결정되었다. 이에 현민들은 지금까지도 헤노코 이전에 반대하며 후텐마 기지를 현 밖으로 옮길 것을 요구하고 있다.

3. 오키나와의 저항운동 – 복귀론과 반복귀론

오키나와 서벌턴이 정치적 주체로 나아가기 위한 그들의 저항의 목소리는 분명 존재했다. 일본의 패전 이후 미군 통치하에 들어간 오키나와는 미군 점령에서 벗어나기 위해 일본으로의 복귀를 선택한다. 일본 복귀를 통해, 일본의 평화헌법에 따른 오키나와 민의의 반영과 미군기지 삭감, 축소 등을 요구하는 기대가 복합적으로 작용한 결과였다. 하지만, 결국 오키나와의 요구는 '반환' 이후에도 무시되었고, 여전히 일본 내 미군기지의 70%가 넘는 기지가 오키나와에 주둔하고 있는 것이 현실이다.

미국은 1950년 초부터 본격적으로 오키나와 군사기지화를 추진

하여 총검과 불도저로 비유되는 군용지 접수를 추진해나간다. 이에 오키나와인들은 '섬 전체 투쟁(島ぐるみ鬪争)'[22]이라는 대규모 주민 저항운동을 벌여 나갔다. 미군에 의한 폭력적인 토지 강탈에 반대하는 대중운동은 빈발하는 사건 사고에 따른 반미 감정과 함께 각 지역의 기지반대 투쟁으로 이어지며 이후 미군통치에서 벗어나기 위한 일본 본토로의 복귀 운동으로 번져갔다.

1968년 11월에 실시된 류큐 정부의 첫 행정주석 선거에서는 90%에 가까운 투표율을 기록하며, 복귀 찬성파가 당선되어 '즉시 무조건 전면 반환'을 호소했다. 1969년에 드디어 미일 공동성명을 통해 1972년까지 오키나와를 일본으로 복귀시키기로 합의한다. 그러나 실제로 일본으로 복귀한 오키나와의 상황은 오키나와인들이 기대했던 것과는 커다란 차이가 있었다. 일본 정부가 오키나와 군용지 재편성에 필요한 비용과 보상을 지출하게 되면서 일본 자위대를 오키나와에 배치하게 된다. 1972년을 전후로 일본 본토의 미군기지는 3분의 1 수준으로 감소하였지만, 오키나와에서의 기지 감소는 몇 %에 불과하였다. 본토의 미군기지가 오키나와로 이전되는 것뿐만 아니라, 반환되는 미군기지를 이번에는 자위대가 사용하면서 오키나와의 군사적 부담은 감소하지 않은 것이다. 일본 복귀를 요구하는 오키나와인들이 복귀에 걸었던 희망은 과연 무엇이었는지, 오키나와는 일본과의 관계를 어떻게 인식했던 것인지에

---

22 '섬 전체 투쟁'은 미군이 폭력적인 방법으로 토지를 강탈하고(1953~1955), 그 토지를 싼값에 사들인다(1956)는 정책을 발표하자 자신들의 이해관계와 상관없이 모든 오키나와인들이 들고 일어나 저항한 대중운동이다(아라사키 모리테루, 김경자 옮김(2016) 『오키나와 이야기』, 역사비평사, p.88).

대한 성찰이 요구되고 있다.

　이러한 상황에서 1972년 오키나와 반환을 앞두고 오키나와 사회운동의 한계를 지적하며 복귀를 반대하는 반복귀론자들이 있던 사실에 주목할 필요가 있다. 그들의 비판의 핵심은 일본 본토와 오키나와 간의 식민주의적 관계에 대한 것이었다. 당시『오키나와타임스(沖縄タイムス)』의 기자 아라카와 아키라(新川明)와 가와미쓰 신이치(川満信一), 류큐대학(琉球大学)의 교수 오카모토 게이토쿠(岡本恵徳)를 대표로 하는 복귀 반대파의 주장은 이러했다. 오키나와를 기지의 섬으로 남겨둔 채 미일 안보체제의 재편을 시도하는 일본국가를 수용할 수 없다는 것이다. 미군의 점령으로부터 탈출하기 위해 일본으로의 복귀를 선택하는 방법은 그 자체적으로 한계를 가지고 있기 때문이다. 오키나와를 일본의 주권 공간으로부터 배제함으로써 성립한 전후 일본의 국민국가에 복귀하는 것이 오키나와에게 어떤 의미를 갖는 것인지를 되묻는 일이 필요하다는 것이다. 반복귀론자들은 일본국가의 일원으로서가 아닌 오키나와가 가지고 있던 토착적이거나 공동체적인 것으로부터 사고의 거점을 찾고자 했다. 그것은 마치 일본국가의 법 공간을 이탈한 곳에서 오키나와의 정치적 요구를 표출할 장소를 찾아가려는 움직임이라고 볼 수 있으며, 오키나와를 둘러싼 권력의 구조 안에서 말을 잃지 않기 위한 시도였다고 할 수 있다.[23] 그러나 반복귀론은 당장 실행 가능한 운동의 방향성을 요구하는 이들에게는 "지식인의 자기 완결적인 사상 영위"[24]로 보인다는 점에서 비판받으

23　남궁철(2018)「전후(戦後) 오키나와의 자기결정 모색과 '반복귀론'」『일본역사연구』제47집, 일본사학회, pp.202-203.

며, 국가를 부정하는 사상으로 인식되면서 크게 힘을 얻지 못했다.

　미일 군사동맹의 부담이 오키나와에 집중되고 있는 차별적인 구조가 국익이라는 명분으로 일본국가의 법 공간을 통해 유지되고 있다. 전후 일본의 주권 공간이 합법적으로 오키나와를 군사 식민지로 만들고 있는 현실에 대해 오키나와인이 무엇을 어떻게 요구할 것인가 하는 사상의 원점으로서 반복귀론은 의미를 갖는다고 할 수 있다.

4. '자기 결정권'은 가능한가?

　2018년 세상을 떠난 오나가 다케시(翁長雄志) 오키나와현지사는 일본 자민당의 간사장을 역임한 보수 정치인이었지만, 2014년 선거에서 헤노코 신기지 건설에 반대하는 모든 세력의 지지를 얻어 현지사에 당선되었다. 이후 오나가 현지사를 중심으로 미군 후텐마 비행장의 현내 이전을 반대하는 '올 오키나와(All Okinawa)' 운동이 반기지 운동으로서 새롭게 등장하여 기지 문제 해결을 위한 '자기결정권(自己決定權)[25]'을 요구하고 있다. 자기결정권은 '오키나와의

24　新崎盛暉(1972) 「沖縄闘争の敗北をめぐって」 『市民』9, 勁草書房, p.141.
25　일본 국제법에서는 자기결정권을 개인의 권리로 해석하며, 일반적으로 자결권 혹은 민족자결권과는 구별하고 있다. 그러나 오키나와에서 이야기하는 자기결정권은 민족자결권과 같은 의미로서 집단의 권리를 뜻한다. 그 이유는 오키나와에서 '자결'이라는 용어가 역사적으로 벌어졌던 '집단자결'을 상기시키므로 자결권이 아닌 자기결정권의 용어를 사용하고 있다는 것이다(2015년 4월 1일 우라조에시(浦添市) 베텔하임홀에서 개최된 「류큐호의 자기결정권을 생각하

일은 오카나와가 결정한다'는 의미로, 오키나와인에게 오키나와의 일을 결정할 권리가 있다는 주장이다. 미일 지위협정의 개정과 후텐마 기지 문제 등 미군기지를 둘러싼 문제 해결에 오키나와 사람들의 민의 반영을 요구하는 명확한 정치적 행동이라고 할 수 있다.

2015년 6월 3일『류큐신보』에 오키나와의 자기결정권 확대에 관한 여론조사 결과가 발표되었다.[26] 패전 이후 70년을 맞이한 '위령의 날(慰霊の日, 6월 23일)'을 앞두고 류큐신보사(琉球新報社)와 오키나와 TV 방송이 5월 30, 31일 양일간 전화로 실시한 여론조사이다. 결과를 보면, 자기결정권을 '크게 확대해야 한다'에 응답한 이가 41.8%, '어느 정도 확대해 간다'가 46.0%, '확대할 필요가 그다지 없다'가 6.8%, '확대할 필요가 전혀 없다'가 2.4%, '모르겠다'가 3.0%로 나타났다. 이는 미군기지 후텐마 비행장 이전 문제 등 여러 문제를 안고 있는 오키나와가 오키나와의 일을 스스로 결정할 권리인 '자기결정권'에 대해 87·8%가 확대해야 한다는 의지를 밝힌 것이라고 할 수 있다.[27]

는 심포지엄」에서의 아라카키 쓰요시(新垣毅)의 발언 인용).

26 社会部(編)(2015.06.03)「「沖縄戦継承を」94% 自己決定権拡大 87% 世論調査」『琉球新報』, https://ryukyushimpo.jp/news/prentry-243762.html(검색일: 2023. 06.30.)

27 이외에, 전쟁 체험의 계승에 대해서는 '전쟁 체험을 더욱 계승해야 한다'라는 응답이 75.4%, '현재의 정도로 이야기하면 된다'가 19.4%로 전체의 94.8%가 전쟁 체험을 계승해야 한다는 인식을 나타냈다. 전후 70년이 경과한 가운데, '정부는 지금까지 오키나와에 대해 외교나 지역 진흥 등의 시책에 대해 배려해 왔는가'라는 물음에 대해서는 '배려가 불충분하다' '한쪽을 택한다면 배려하고 있지 않다'의 응답이 합해 54.2%로 과반수에 이르렀고, '충분히 배려해 왔다' '한쪽을 택한다면 배려해 왔다'의 응답이 합쳐 41.4%였다. 오키나와현 내에 미군기지가 '필요하다'고 응답한 것은 38.6%로, 그 이유는 '일본과 주변 지역의 안전을 지키기 위해서'였다. '필요 없다'라고 응답한 것은 58.6%로 가장

이러한 결과가 나온 배경에 대해, 오시로 나오코(大城尚子)[28]는 오키나와는 자기결정권을 행사할 수 없는 상태라는 인식이 널리 퍼져있기 때문이라고 지적한다. 그동안 오키나와는 오키나와의 문제를 해결하기 위한 수단으로서 나고시(名護市) 시장 선거, 나고시 의원 선거, 현지사 선거, 중의원 선거 등에서 오키나와의 목소리를 대변할 대표자들을 선출해 왔음에도 불구하고, 일본 정부는 지속적으로 오키나와의 민심을 무시하며 오키나와의 목소리를 부정해 왔다는 것이다.

이후 8월 11일 당시 스가(菅) 관방장관과의 오키나와 회동에서 오나가 지사는 오키나와 현민의 자기결정권이 무시당하고 있는 상황에 대해 '오키나와 현민의 마음은 영혼이 기아(飢餓)적인 감정을 갖고 있다(魂の饑餓感)'는 말을 전했다. 그것은 소중한 생명과 삶의 터전을 짓밟힌 오키나와 전투의 기억과 그 이후로도 계속되는 차별과 상처들을 생각하는 마음이 표현된 것이기도 했다.

그해 9월 21일 스위스 제네바에서 열린 유엔 인권이사회에서 오나가 다케시 지사는 '오키나와의 일본 군사화와 인권침해'에 대해 다음과 같이 연설했다.

큰 이유는 '오키나와의 기지 부담이 너무 크기 때문'(43.0%)이었다. 한편, 장래의 오키나와의 방향성에 대해서는 '일본의 한 현 그대로 있어도 좋다'가 66.6%로 가장 많았고, 다음은 '일본 국내의 특별 자치주 등으로 해야 한다'가 21.0%, '독립해야 한다'라는 응답은 8.4%였다.

28 大城尚子(2015)「なぜ沖縄人は自己決定権を行使できないのか？」特集　今こそ、平和と人権を考える『国際人権ひろば』123,
https://www.hurights.or.jp/archives/newsletter/sectiion3/2015/09/post-291.html
(검색일: 2023.06.30.)

오키나와 사람들의 자기결정권이 무시되고 있는 헤노코의 상황에 전 세계가 관심을 가져주시기 바랍니다. 일본 전체 국토의 0.6% 면적 밖에 되지 않는 오키나와에 현재 미군 전용 시설의 73.8%가 집중되어 있습니다. 오키나와가 스스로 원해서 땅을 제공한 것이 아닙니다. 제2차 세계 대전 후 미군에 강제로 접수되어 생긴 기지입니다. 전후 70년간, 여전히 미군 기지로부터 파생하는 사건·사고와 환경 파괴 문제가 현민 생활에 큰 영향을 미치고 있습니다. 이처럼 오키나와 사람들은 자기결정권과 인권을 외면당하고 있습니다. 자국민의 자유, 평등, 인권, 민주주의를 지키지 못하는 나라가 어떻게 세계 각국과 그 가치관을 공유할 수 있겠습니까?[29]

그런데 오나가 현지사의 연설은 발언 내용을 둘러싸고 정치적 언설이 유포되면서 크게 비판을 받게 된다. 현지사가 주장한 자기결정권은 선주민족이 갖는 권리이므로, 오키나와의 자기결정권을 주장하는 것은 스스로가 선주민임을 주장하는 것과 다름없다는 것이다. 오나가 지사의 연설에는 선주민이라는 용어가 사용되지 않았음에도 오키나와인의 자기결정권 요구가 선주민 논란으로 번진 이유는 무엇일까? 비판하는 측의 논리는 다음과 같다. 오나가 지사는 유엔에서 영어로 연설을 하면서, 오키나와인의 자기결정권을 'Okinawan's right to self-determination'으로 이야기했다. 'self-determination'은 유엔헌장 제1조 2항[30]에 기술된 민족의 자결권에

---

29 「翁長知事が国連人権委理事会で訴え」『現代の理論』,
http://gendainoriron.jp/vol.06/rostrum/ro04.php

해당하며, 여기서 민족이라고 함은 고유의 민족, 선주민을 가리킨다는 것으로, 자기결정권에 해당하는 'autonomy right of self-government'와는 전혀 다른 개념이라는 것이다. 이러한 개념의 용어 사용이 선주민 논란으로 확대된 이유를 알기 위해 정치적 언설 속 선주민 논란에 대한 비판을 좀 더 살펴보자.[31] 첫째 오키나와를 선주민족이라고 하는 것은 일본민족과는 다른 이민족이라고 하는 논리이므로, 미군 통치하에서 민족분단을 극복하고 민족통일을 위해 조국으로 복귀한 운동의 정신과 수고를 짓밟는 일을 도저히 용납할 수 없다. 둘째 스스로 일본민족이 아닌 선주민족이라고 하는 것은 일본 사회에서 동포로 인정받지 못할뿐더러 차별을 초래하는 언설이자 오키나와인을 모욕하는 것이다. 일본민족에 속하지 않는다고 한다면, 오키나와는 일본으로부터 또다시 분리되어 돌이킬 수 없는 심각한 불이익과 파괴를 초래할 것이라는 주장이다.

이 정치적 언설이 주장하는 내용에는 몇 가지 중요한 문제점을 노정하고 있다. 가장 문제가 되는 것은 연설의 핵심적 내용이 아예 사라져 버린 점이다. 오나가 지사의 연설은 오키나와 기지문제 해결에 오키나와의 민의가 반영되도록 자기결정권을 호소하는 내용이었는데, 자기결정권에 대한 요구는 사라지고 오키나와 사람들이

---

30 United Nations Charter, Chapter I: Purposes and Principles 「2. To develop friendly relations among nations based on respect for the principle of equal rights and self-determination of peoples, and to take other appropriate measures to strengthen universal peace」
https://www.un.org/en/about-us/un-charter/chapter-1(검색일: 2023.06.30.)

31 島袋純(2021)「琉球／沖縄の「自己決定権」について―なぜ提起されなぜ潰されようとするのか―」『立命館法學』, 立命館大学法学会, pp.431-432.

선주민이냐 아니냐는 논란으로 바뀌어 버렸다. 또 다른 중요한 문제점은 일본민족보다 선주민이 열등하다고 하는 차별의식에 기반한 인종주의적 사고가 고스란히 드러났다는 점이다. 그것은 일본 야마토 민족 이외의 다른 민족은 모두 열등한 민족이라는 일본 본토의 보수 정치인들의 사고를 대변하는 것이다. 또한, 류큐민족의 고유성을 지닌 자신들을 부정하고 일본 민족에 적극적으로 동화하려는 자세이며, 아이누족과 같은 일본 내 다른 민족들을 차별하는 명확한 태도인 것이다.

이러한 비판은 자기결정권을 요구하는 정치적 주장과 그것을 아예 없애버리려는 반대파 주장의 대립이라고 볼 수 있다. 그러나 한편으로는 일본 정부의 입장과 그것에 호응하는 오키나와 보수 세력들에 의한 선주민족에 관한 논란이 일치하고 있음을 알 수 있다. 그동안 일본 정부는 국제인권협약에 의해 유엔인종차별철폐위원회로부터 오키나와인들의 인권 피해 상황 개선에 대한 권고가 있을 때마다 '오키나와현 출신자들은 선주민족이 아니다'라는 답변과 함께 권고 철회를 요구해 왔기 때문이다.

2022년 5월 14일 일본 '복귀' 50주년을 앞두고 열린 「일본의 식민지 지배를 허락하지 않는다 류큐의 자기결정권 행사를」 요구하는 심포지엄[32]에서는 역사, 정치, 류큐사, 헌법 전문가들이 모여 1972년 일본 복귀 문제를 의제로 올리며, 자기결정권의 중요성을

---

32 2022년 5월 14일, 나하시(那覇市)의 오키나와현종합복지센터(沖縄県総合福祉センター)에서 〈목숨은 소중하다! 류큐의 자기결정권 모임(命どぅ宝！琉球の自己決定権の会)〉의 주죄로 열렸다.

강조했다. 오키나와는 '복귀'에 의해서 미일 안전보장의 초석으로 위치하면서 군사 기지의 고착화와 증강이 진행되어 더욱 많은 희생을 강요당하고 있다는 지적과 함께, 현민이 주체적으로 오키나와의 미래를 만들어 가기 위한 자기결정권 확립의 중요성을 호소했다.

5. 맺음말

이상 살펴본 바와 같이 오키나와의 역사에는 전쟁과 점령에 의한 식민지 지배가 존재했다. 1609년 사쓰마번에 의한 류큐 침략에 이어, 1879년에는 일본으로 강제 병합되는 류큐 처분이 일어났다. 1945년 일본이 패전하자 미군의 점령지가 되었고, 1972년 일본으로 복귀된 이후에는 미일 안전보장 조약에 의한 미군의 군사기지화가 진행되었다. 지금도 여전히 오키나와는 식민주의적 관계가 만들어내는 명백한 구조적 차별 속에서 그들의 자기결정권이 무시당하는 상황이 지속되고 있다. 이 글에서는 그러한 오키나와의 상황을 서발턴적 시각에서 접근하여 그들이 놓인 구조적 상황을 가시화하고, 그들의 주체적 말하기는 가능한지, 그것을 저해하는 요인이 무엇이었는지를 살펴보고자 하였다.

전술한 바와 같이, 서발턴 연구가 목소리를 낼 수 없는 사람들에 관해서라기보다는 그들의 주체적인 목소리가 종속적 위치에 놓임으로써 어떻게 서발턴이 되었는가에 주목할 때, 일본과 오키나와의 식민주의적 관계 속에서 오키나와 서발턴의 정치적인 요구는 무시되는 차별의 상황이 계속되고 있음을 확인했다. 1972년 오키나가 일본으로 복귀를 요구한 것에는 미군의 토지 수탈에 의한 경제적 침략과 기지 건설의 군사적 위험에서 벗어나 평화헌법의 원칙 아래 인권이 지켜지는 일본 국민으로의 복귀를 호소한 것이었다. 그러나 복귀 후의 오키나와 상황은 그들의 기대를 크게 저버리는 결과를 보였고, 이후로도 그들의 투쟁은 계속되고 있다.

또한, 서발턴이 정치적 주체로서 행동하고자 할 때 그들의 주체적인 말하기는 그것을 저지하려는 권력에 부딪치게 될 뿐만 아니라 서발턴 내부의 목소리 또한 왜곡되고 분열되고 있음을 알 수 있었다. 서발턴의 주제적 말하기를 저해하고 초점을 흐리게 하는 정치적 언설을 유포하며, 오히려 지배자인 일본에 적극적으로 가담하고 동화하려는 사람들이 존재했다. 그러나 이민족에 대한 차별의식을 기반으로 일본인화를 지향한다면, 지배와 종속의 관계로부터 서발턴의 존엄과 권리의 회복은 요원할 것이다. 오키나와 서발턴이 식민자 일본과의 관계에서 벗어나 피식민자의 인권을 회복하고 정치적 주체로서 행동하기 위해서는 무엇보다도 오키나와의 자기결정권이 요구된다. 오키나와가 정치적 주체로서 어떠한 주장을 해 나갈 것인가 하는 지점에서 과거 복귀론에 걸었던 의존적인 희망이 던져준 문제를 되돌아보고, 반복귀론에서 촉구했던 탈식민주의적이고 자주적으로 오키나와의 미래를 결정하고자 했던 사상의 의미를 되새기는 것이 필요한 때이다.

| 참고문헌 |

가야트리 스피박, 태혜숙 외 옮김(2006)『포스트식민 이성 비판』, 갈무리, pp.
  400-404.
      , 태혜숙 외 옮김(2013)『서발턴은 말할 수 있는가?: 서발턴 개념
  의 역사에 관한 성찰들』, 그린비, pp.11-139.
김경희(2022)「서발턴 연구에서 '재현'의 문제와 지식인의 역할－일본의 당사
  저성 문제에 주목하여」『일어일문학연구』제122호, 한국일어일문학회,
  pp.217-238.
김택현(2008)「다시, 서발턴은 누구/ 무엇인가?」『역사학보』200, 역사학회, pp.
  657-658.
남궁철(2018)「전후(戰後) 오키나와의 자기결정 모색과 '반복귀론'」『일본역사
  연구』제47집, 일본사학회, pp.202-203.
다카하시 데쓰야, 한승동 옮김(2013)『희생의 시스템 후쿠시마 오키나와』, 돌베
  개, pp.6-7.
스티븐 모튼, 이운경 옮김(2011)『스피박 넘기』, 앨피, p.111.
아라키 모리테루, 정영신·미야우치 아키오 옮김(2008)『오키나와 현대사』, 논
  형, pp.19-109.
아라사키 모리테루, 백영서·이한결 옮김(2013)『오키나와, 구조적 차별과 저항
  의 현장』, 창비, pp.9-18.
아라사키 모리테루, 김경자 옮김(2016)『오키나와 이야기』, 역사비평사, p.88.
이경원(2011)『검은 역사 하얀 이론』, 한길사, pp.463-503.
정근식·주은우 외 편저(2008)『경계의 섬, 오키나와』, 논형, pp.36-48.
메도루마 슌, 안행순 옮김(2013)『오키나와의 눈물』, 논형, pp.15-16.
新崎盛暉(1972)「沖縄闘争の敗北をめぐって」『市民』9, 勁草書房, p.141.
牧杏奈(2021)「「サバルタン」研究-概念的な特性と意義」『明治大学社会科学研究所紀
  要』第59巻第2号, 明治大学社会科学研究所, p.108.
喜多加実代(2009)「語る/語ることができない当事者と言説における主体の位置―スピ
  ヴァクのフーコー批判再考―」『現代社会学理論研究』3, 日本社会学理論学
  会, pp.114-115.
ジグラー・ポール(2008)「サバルタン沖縄―現代悲劇の断章」『葦牙』, 同時代社,
  pp.6-18.

島袋純(2021)「琉球／沖縄の「自己決定権」についてーなぜ提起されなぜ潰されようとするのかー」『立命館法學』, 立命館大学法学会, pp.431-432.

高橋哲哉(2012)『犠牲のシステム 福島・沖縄』, 集英社新書, pp.10-18.

ひろたまさき(2008)『差別からみる日本の歴史』, 解放出版社, pp.112-191.

前嵩西一馬(2020)「「他者」という罠-こどもたちに語る沖縄学」『桜文論叢』102, 日本大学法学部, pp.95-120.

| 관련 웹 사이트 및 코퍼스 |

大城尚子(2015)「なぜ沖縄人は自己決定権を行使できないのか？」特集 今こそ、平和と人権を考える『国際人権ひろば』123,
https://www.hurights.or.jp/archives/newsletter/sectiion3/2015/09/post-291.html(검색일: 2023.06.30.)

沖縄県公文書館, https://www.archives.pref.okinawa.jp/news/that_day/4730 (검색일: 2023.06.27.)

社会部(編)(2015.06.03)「「沖縄戦継承を」94% 自己決定権拡大87% 世論調査」『琉球新報』, https://ryukyushimpo.jp/news/prentry-243762.html(검색일: 2023.06.30.)

琉球朝日放送 報道制作局(2015.09.21)「翁長知事国連で演説へ」『CATCHY』,
https://www.qab.co.jp/news/2015092170584.html(검색일: 2023.06.30.)

United Nations Charter, Chapter I: Purposes and Principles「2. To develop friendly relations among nations based on respect for the principle of equal rights and self-determination of peoples, and to take other appropriate measures to strengthen universal peace」,
https://www.un.org/en/about-us/un-charter/chapter-1(검색일: 2023.06.30.)

제4장

改名으로 본
在日 트랜스내셔널 서벌턴의 삶

문 명 재

1. 머리말

인간은 태어나면서 이름(姓+名)을 갖게 되고, 이후로는 이름이 그 사람을 상징하게 된다. 그런데 이름의 역사와 기능은 국가와 민족에 따라 다르다. 일본의 경우, 예전에는 모두에게 이름이 주어지는 것은 아니었고, 일부 계층에게만 부여된 특권이었다. 또한 역사적으로 보았을 때 일본 사회에서는 姓 또는 이름과 관련하여 다른 국가나 민족과 다른 특성이 보이기도 한다.

한편, 일본에 건너간 한국인들의 애환도 이름과 깊은 관련이 있었다. 고대로부터 근현대에 이르기까지 한일간의 역사는 수많은 우여

곡절을 겪어왔고, 시대적 상황에 따라 渡日 한국인의 운명도 좌우되었는데, 이름을 통해서도 그들의 사회적 위상을 엿볼 수 있게 된다.

이러한 점에 착안하여 본 고찰에서는 고대에서 오늘날에 이르기까지 渡日 한국인의 이름을 통해서 그들의 삶을 통시적으로 照明해 보고자 한다.

2. 이름(姓+名)의 일본적 특징

姓 또는 이름과 관련하여 일본 사회에는 우리와 다른 인식이 있었음을 확인하게 되는데, 다음의 몇 가지 사례를 통해서 살펴보고자 한다. 이러한 과정을 거치는 이유는, 이름에 대한 일본적 인식의 특징이 트랜스내셔널 서벌턴의 改名에도 얼마간 영향을 미쳤을 것으로 생각되기 때문이다.

2.1 천황가의 이름

일본 천황과 관련해서는 헌법과 여러 관련 법률들이 존재하는데, 먼저 일본국 헌법 제1조에 의하면, 천황은 일본국의 상징이고 일본 국민 통합의 상징이며 그 지위는 주권을 지닌 일본 국민의 총의에 기반한다[1]고 하였다. 그리고 제2조에서는, 황위는 세습하는

---

1 日本国憲法第1条：天皇は、日本国の象徴であり日本国民統合の象徴であって、この地位は、主権の存する日本国民の総意に基づく。

것으로, 국회에서 의결한 皇室典範이 정하는 바에 따라 이를 계승한다²고 되어 있다. 즉 주권재민과 상징 천황임을 명기함과 동시에, 세부적으로는 헌법에 근거한 皇室典範과 皇統譜 등에 의해 천황의 황위 계승과 황족의 신분, 황실 관련 제반 사항을 규정하고 있다.

한편, 일본 천황가는 일반인과는 달리 姓(=苗字)이 없고, 대신에 쇼고(称号)나 미야고(宮号)라는 명칭이 사용되었는데, 그 근원을 거슬러 올라가 보면 이러한 제반 법 규정과도 무관하지 않은 것으로 보인다. 우선 쇼고(称号)는 천황이나 황태자의 자손이 유소년기일 때 부여된 명칭을 말하는데, 예를 들어 현재 천황인 긴조(今上)천황은 어렸을 때 히로노미야(浩宮)라는 쇼고(称号)로 호칭되었고, 그 이전 천황인 아키히토(明仁)천황의 쇼고(称号)는 쓰구노미야(継宮)였다. 그리고 미야고(宮号)는 一家를 이룬 황족 남자에게 천황이 하사한 이름으로, 예를 들면 현 천황의 남동생은 어려서는 아야노미야(礼宮)라는 쇼고(称号)로 부르다가 결혼하여 一家를 이루면서 천황으로부터 아키시노노미야(秋篠宮)라는 미야고(宮号)를 받았다. 그리고 그의 부인도 결혼 전의 가와시마키코(川嶋紀子)라는 이름에서 아키시노노미야키코(秋篠宮紀子)로 姓이 바뀌게 되었다.

한편 천황과 황족은 일반인과 달리 호적이 없다는 것도 특징인데, 호적 대신에 皇統譜에 의해 신분을 등록하게 되어 출생 사망 혼인관계 등의 사항을 기록하고 있다. 皇統譜는 천황과 황후의 계보인 大統譜와 그 외의 황족에 관한 皇族譜로 구분되는데, 이 가운데

2　日本国憲法第2条：皇位は、世襲のものであって、国会の議決した皇室典範の定めるところにより、これを継承する。

大統譜에 의한 천황의 계보를 거슬러 올라가 보면 記紀 신화의 아메노미나카누시노카미(天御中主神)로부터 시작하여 아마테라스오미카미(天照大神)에 이르는 神代를 거쳐 제1대 진무(神武)천황에 이르게 된다. 이후 人代 천황이 대를 잇게 되는데, 결국 일본 천황가는 신의 후예로서 일반인과 다르다고 인식되었기때문에 이름도 없고 호적도 없게 된 것이라고 여겨진다.

2.2 천황의 賜姓

또한 천황의 賜姓, 즉 천황이 이름을 하사할 수 있다는 것도 일본적 특징으로 들 수 있겠다. 예를 들면 일본 최고의 귀족 가문이었던 후지와라(藤原)씨의 경우를 보면, 『니혼쇼키(日本書紀)』에 다음과 같이 기록되어 있다.

> 天智天皇八年(669)十月十五日条「庚申、天皇遣東宮大皇弟於藤原内大臣家、授大織冠与大臣位。仍賜姓為藤原氏。自此以後、通曰藤原内大臣。辛酉、藤原内大臣薨[3]

제38대 덴지(天智)천황은 함께 다이카개신(大化改新)의 정치개혁을 완성한 나카토미노카마타리(中臣鎌足)가 병으로 눕게 되자 히쓰기노미코(東宮大皇子)[4]를 집으로 보내어 병문안을 하게 하면서, 다이쇼쿠

---

3 大野晋외3인 校注(1965)『日本書紀(下)』(日本古典文学大系), 岩波書店, p.373.
4 덴지(天智)천황의 동생으로, 나중에 제40대 덴무(天武)천황이 된 오아마노오

칸(大織冠)과 오오미(大臣)라는 직위와 후지와라(藤原)라는 姓을 하사했고, 그 다음 날 세상을 떠난 것으로 되어 있다. 이후로 그는 후지와라노카마타리(藤原鎌足)로 불리면서 후지와라(藤原)씨의 시조가 된 것인데, 바로 천황의 賜姓에 의한 것이었다.

천황의 賜姓과 관련해서는 『겐지모노가타리(源氏物語)』의 주인공이 겐지(源氏)라는 姓을 얻게 된 사실도 빼놓을 수 없는데, 기리쓰보(桐壷)권의 해당부분을 인용해 보겠다.

> 際ことにかしこくて、ただ人にはいとあたらしけれど、親王となりたまひなば、世の疑ひ、負ひたまいぬべくものしたまへば、宿曜のかしこき道の人に勘へさせたまふにも、同じさまに申せば、源氏になしたてまつるべき思しおきてたり。[5]

이 장면은 천황이 어린 아들에 대해 예언한 관상가의 말을 듣고 장래를 걱정하는 부분인데, 아들이 뛰어나게 총명하므로 신하가 되게 하기는 아깝지만 그렇다고 皇子의 신분으로 두면 장차 더 큰 불행을 겪게 될 것이므로 신하의 반열로 내리면서 겐지(源氏)라는 姓을 하사하기로 한다. 즉 황족이라면 姓이 필요 없지만 신하로 신분이 달라지게 되자 천황이 賜姓을 한 것이고, 따라서 주인공에 대해 히카루겐지(光源氏)란 통칭으로 부르게 되는데, 천황의 賜姓을 엿볼

지(大海人皇子)를 가리킨다.
5 今井源衛외2인 校注・訳(1970) 『源氏物語(1)』(日本古典文学全集), 小学館, p.117.

수 있는 상징적 장면이라고 할 수 있겠다.

2.3 改姓의 가능

일본인의 이름에서 姓을 바꾸는 것이 가능하다는 것도 우리가 생각하기 어려운 일본적 특징이다. 요즈음 일본 사회의 이슈 중 하나가 결혼과 여성의 改姓 문제이다. 일본 민법 제75조에 따르면, '부부는 혼인 시의 결정에 따라 남편 또는 아내의 姓을 사용한다' 라고 하고 있어, 결혼하면 부부 가운데 어느 한쪽이 姓을 바꾸게 되어 있다. 그런데 실제로는 여성이 남편 姓으로 바꾸는 경우가 대부분이고, 2016년 厚生労働省의 통계를 보더라도 96%의 여성이 결혼 후 남편 姓을 따르는 것으로 되어 있다. 하지만 점차 인식이 바뀌어, 2020년 1월의 아사히(朝日)신문 여론조사에 의하면 69%가 夫婦別姓制에 찬성하였고, 심지어 여성의 찬성률이 더 높은 것으로 나타났다(여성 71%, 남성 66%).[6]

이와 같은 여성의 改姓과는 다른 성격이지만, 일본 사회에서의 改姓은 그 역사가 매우 깊어 고대의 씨성제, 즉 율령제 하에서의 가바네(姓)[7]를 바꾸는 것까지 거슬러 올라가기도 한다. 하지만 가바네(姓)

---

6 婚姻後に姓を変える女性の割合(http://charitsumo.com/number/18985).
7 고대 씨족의 성과 이름에 붙인 칭호. 여러 호족이 야마토(大和)조정에서 일정한 職掌을 분담 세습하기에 이르자 가바네(姓)도 그에 따라조정으로부터 부여받게 되고 점차 질서가 잡히면서 각 씨족의 尊卑를 나타내게 되었다. 가바네(姓)에는 오미(臣) 무라지(連) 스쿠네(宿禰) 미야쓰코(造) 기미(君) 아타이(直) 오비토(首) 등 수십종이 있고, 오미(臣)와 무라지(連)가 최고위이며, 그 중에서도 오오미(大臣) 오무라지(大連)는 국정의 중추에 참여했다. 이러한 가바네(姓)를 가진

문제는 본 고찰의 의도에서 벗어나는 면이 있으므로 보류하기로
하고, 일반적인 이름에서의 改姓을 생각할 때 대표적인 인물로 도
요토미히데요시(豊臣秀吉)를 들 수 있다. 그는 일생 동안 출세와 함께
여러 번 이름이 바뀌고 있다. 그의 아버지 기노시타야에몬(木下弥右衛門)
은 오다노부나가(織田信長)의 아버지인 오다노부히데(織田信秀)의 아시
가루(足軽)였다고 하니 미천한 집안 출신이었다. 어려서는 히요시마
루(日吉丸)라는 이름이었는데, 18세 때 기노시타토키치로(木下藤吉郎)
라는 이름으로 노부나가(信長)의 부하가 되었고, 36세에 점차 공을
세우고 두각을 나타내면서 하시바히데요시(羽柴秀吉)로 改名을 하였
다. 그리고 50세인 1586년에 제106대 오기마치(正親町)천황으로부
터 도요토미(豊臣)라는 姓을 하사받고 그해에 다이조다이진(太政大臣)
에 취임하면서 정권을 확고히 쥐게 된다.[8] 이름을 바꾸는 일은 한국
에서도 종종 있는 일이지만 히데요시(秀吉)처럼 姓을 몇 번씩 바꾸는
일이 가능하다는 것은 한국에서는 있을 수 없는 일본적 특징이라
고 할 수 있을 것이다.

이처럼 결혼과 함께 여성이 남편의 姓으로 바꾼다든지 도요토미
히데요시(豊臣秀吉)처럼 생애에 여러 번 姓을 바꾸는 것처럼 改姓이
가능한 사회적 인식도 본 고찰의 주제인 在日 트랜스내셔널 서벌턴
의 改名에 영향이 있었을 것으로 생각된다.

씨족을 기초로 한 야마토(大和)조정의 지배조직을 氏姓制度라고 한다.(高柳光
寿 竹内理三편(1986) 『日本史辞典』, 角川書店, p.208.)
8 https://ja.wikipedia.org/wiki/豊臣秀吉#年表.

3. 고대 한반도 渡日人의 姓

　고대 한반도 내의 삼국은 중국 일본과 매우 밀접한 관련을 가지고 교류를 해왔는데, 특히 고구려 백제 신라와 일본의 관계는 국제 정세에 따라 많은 차이가 있었다. 그리고 한반도의 渡日人이 언제부터 존재했는지는 명확하지 않지만 7세기 중엽 이후 백제의 멸망과 함께 많은 渡日人이 발생한 것은 『니혼쇼키(日本書紀)』를 비롯한 문헌을 보아도 알 수 있다.

　그런데 이들 渡日人의 상황을 살펴볼 수 있는 자료의 하나로서 고닌(弘仁)6년(815)에 성립한 『신센쇼지로쿠(新撰姓氏錄)』 30권을 들 수 있다. 헤이안쿄(平安京)와 五畿內에 거주한 고대 씨족의 계보인데, 내용을 보면 平安左右京, 山城, 大和, 摂津, 河內, 和泉 순으로 1182氏의 계보를 皇別(제1권~제10권)・神別(제11권~제20권)・諸蕃(제21권~제29권)・未定雜姓(제30권)으로 구분하여 수록하고 있다.[9]

　이 가운데 皇別의 성씨는 진무(神武)천황이래 천황가에서 나뉜 씨족으로 335씨가 열거되어 있는데, 대표적으로는 기요하라(清原) 다치바나(橘) 미나모토(源) 등이 있다. 그리고 神別의 성씨란 진무(神武)천황 이전의 神代에 갈라져 생긴 씨족으로 404氏가 나열되어 있는데, 이들은 다시 셋으로 분류된다. 즉 니니기노미코토(瓊瓊杵尊)가 천손강림했을 때 따랐던 신들의 자손을 '天神'이라 하고, 니니기노미코토(瓊瓊杵尊)로부터 3대 동안에 나뉜 자손을 '天孫'이라 하며, 천손

　9　国史大辞典編纂委員会編(1986)『国史大辞典7』, 吉川弘文館, p.869.

강림 이전부터 토착해 있던 신들의 자손을 '地祇'라고 하였는데, 天神으로 분류된 성씨는 후지와라(藤原) 오나카토미(大中臣) 등 246씨, 天孫은 오와리(尾張) 이즈모(出雲) 등 128씨, 地祇는 아즈미(安曇) 유게(弓削) 등 30씨가 있다. 그리고 諸蕃의 성씨는 渡日人系의 씨족으로 326씨가 열거되어 있는데, 이들은 다시 5분류 되어 '百済' 104씨, '高麗(고구려를 가리킴)' 41씨, '新羅' 9씨, '加羅' 9씨, '漢' 163씨가 열거되어 있다. 여기에서 '漢'은 원래 '高麗' '百済' '新羅' '加羅'에 포함되지 않은 반도계의 씨족을 말하므로, 총 1182氏 가운데 326氏가 한반도에서 건너온 渡日人系가 차지하고 있어 27~8%를 넘는 비율을 차지하고 있다. 따라서 고대 일본 사회에서 한반도계의 씨족은 중요한 비중과 역할을 담당했었다고 볼 수 있겠는데, 이들 씨족의 형성과 역할을 삼국 중심으로 대표적인 경우만 정리해보기로 하겠다.

○ 백제계 : 663년의 하쿠스키노에(白村江)전투에서 백제와 일본 연합군이 나당연합군에게 패하고 백제가 멸망하면서 많은 백제의 유민들이 일본으로 건너가게 되었다. 이들 백제 출신의 渡日人 씨족이 구다라(百済)씨이다. 이 중 의자왕의 아들 善光(禅広이라고도 함)은 가와치(河内)에 살며 구다라노코니키시(百済王)의 姓을 하사받아 시조가 되었고, 그의 증손 구다라노코니키시쿄후쿠(百済王敬福)는 무쓰(陸奥)지방의 수령으로 있을 때 도다이지(東大寺)의 대불 주조에 황금을 헌상한 공으로 종3위를 받은 후 刑部卿으로 승진하는 등 조정에 중용되었다.

그리고 이에 앞서 제15대 오진(応神)천황 15년 8월 『日本書紀』의 기록에 의하면, 백제 근초고왕때 阿直岐는 일본에 말 2필을 끌고 건너가 말 돌보는 일을 하다가 천황이 그가 經書에 능함을 알고 태자 우지노와키이라쓰코(菟道稚郎子)의 스승으로 삼았는데, 그보다 더 뛰어난 학자는 없느냐고 물어서 王人을 추천하였더니 백제에 사신를 보내어 그를 모셔왔다고 한다.[10] 이후 王人을 시조로 한 가와치노후미(西文)씨와 阿直岐를 시조로 한 야마토노아야(東文)씨는 모두 문필, 외교, 군사 등에서 활약했다.[11]

○ 고구려계 : 고구려로부터도 상당히 일찍부터 渡日人들이 있었던 것으로 보이는데, 『日本書紀』의 제29대 긴메이(欽明)천황 26년 5월 기록에 의하면, 쓰쿠시(筑紫)에 표착한 쓰무리야에(頭霧唎耶陛) 등을 야마시로(山背)지방에 살게 했고, 이들이 지금의 우네하라(畝原)・나라(奈羅)・야마무라(山村)의 고구려인의 선조라고 하였다.[12] 그리고 668년 고구려가 멸망한 후 일본으로 망명해온 왕족이 고마(高麗)씨를 칭한 이래 왕족 이외의 사람들은 고마(狛)를 사용했고, 헤이안(平安)시대 이래 주로 樂人으로서 조정에 종사했다.

○ 신라계 : 『古事記』와 『日本書紀』에 의하면 신라에서 渡日한 인물로 아메노히보코(天日槍)가 있다. 『日本書紀』에 의하면 제10대 스진(垂仁)천황 3년 3월에 하후토노타마(羽太玉)라는 구슬을 비롯하여

---

10 大野晋 외 3인 校注(1967) 『日本書紀上』(日本古典文学大系), 岩波書店, pp.371 -373. 「十五年秋八月壬戌朔丁卯, 百濟王遣阿直岐, 貢良馬二匹。即養於輕阪上厩。因以阿直岐令掌飼。故號其養馬之處、曰厩阪也。阿直岐亦能讀經典。及太子菟道稚郎子師焉。於是天皇問阿直岐曰、如勝汝博士亦有耶。對曰、有王仁者。是秀也。時遣上毛野君祖、荒田別・巫別於百濟、仍徵王仁也。其阿直岐者、阿直岐史之始祖也。」

11 豊田武(1978) 『日本史小百科 家系』, 近藤出版者, p.20.

12 大野晋외3인校注, 前掲書(下), p.127. 「高麗人頭霧唎耶陛等投化於筑紫、置山背國。今畝原・奈羅・山村高麗人之先祖也。」

일곱 가지 물건을 가져왔고, 그것을 다지마(但馬)지방에 보관하여 信寶로 삼았다고 한다.[13] 아메노히보코(天日槍)는 전설적 인물이긴 하지만 미야케(三宅)씨와 이토이(糸井)씨는 모두 그 후손으로 알려져 있다. 그리고 제29대 긴메이(欽明)천황 23년 11월 기록을 보면, '신라가 사신을 보내어 헌상품과 조공을 보냈는데, 신라가 任那를 멸망시킨 것에 천황이 분노하자 사신은 처벌을 두려워하여 본국으로 돌아가지 않았다. 이후 일본 백성과 같이 대우했는데, 그가 지금의 쓰노(摂津)지방 미시마(三嶋)군 하니이오(埴盧)에 사는 신라인의 선조이다.'[14] 라고 되어 있어, 귀화한 신라인에 대해 자국민과 동등하게 대했음을 알 수 있다. 신라 귀화인에 대한 기록은 『續日本紀』의 제45대 쇼무(聖武)천황 10년 6월 조에도 보이는데, 무사시(武蔵)지방 사이타마(埼玉)군의 신라인 도쿠시(德師) 등 남녀 53인이 청을 하여 곤(金)씨 姓을 하사하였다고 되어 있다.[15] 그리고 제47대 준닌(淳仁)천황 원년 8월에는, 일본에 귀화한 신라승 32인 비구니 2인 남자 19인 여자 21인을 무사시(武蔵)지방의 閑地에 이주시켜 시라기군(新羅郡)을 설치했다는 기록도 있다.[16] 신라인들이 곤(金)씨를 요구한 것은, 신

---

13 大野晋외3인校注, 前揭書(上), p.261. 「三年春三月、新羅王子天日槍來歸焉。將來物、羽太玉一箇、足高王一箇、鵜鹿々赤石玉一箇、出石小刀一口、出石木牟一枝、日鏡一面、雄神籬一具、幷七物。則藏于但馬國、常爲神物也。」

14 大野晋외3인校注, 前揭書(下), p.127. 「新羅遣使獻、幷貢調賦。使人悉知國家、憤新羅滅任那、不敢請罷。恐致刑戮、不歸本土。例同百姓。今摂津国三嶋郡埴盧新羅人之先祖也。」

15 黒板勝美國史大系編修會(1988)『續日本紀前篇』, 吉川弘文館, p.132. 「武蔵国埼玉郡新羅人德師等男女五十三人依請為金姓。」

16 黒板勝美國史大系編修會, 上揭書, p.254. 「帰化新羅僧三十二人。尼二人。男十九人。女二十一人。移武蔵国閑地。於是。始置新羅郡焉。」

라 시조 김알지의 후손임을 자각했기 때문으로 보이고, 閑地란 미개척지를 말하므로 아마 신라 귀화인들로 하여금 그 지역을 개간하도록 하기 위함이었을 것으로 생각된다.

이후 곤(金)씨는 규슈(九州)지방에도 이주했고 도호쿠(東北)에서는 특히 이와테(岩手)현 동부에서 번창하였는데, 후일 곤(今)·곤노(今野·紺野·昆野·金野) 등을 파생하였다. 砂金의 생산지대에 곤(金)씨가 많았다는 점도 특기할 만하다. [17]

4. 조선 被虜人 陶工의 이름

16세기 말에 일어난 임진왜란과 정유재란(일본식 명칭은 文禄·慶長の役)은 도요토미히데요시(豊臣秀吉)가 일으킨 조선 침략전쟁이었다. 그런데 다른 시각에서 보면 문화 전쟁의 성격도 지녔다고 할 수 있겠는데, 당시 일본은 조선의 유학 인쇄술 도자기 등의 선진 문화를 포로와 함께 약탈해 갔기 때문이다. 그 가운데 도자기의 경우는, 무로마치(室町) 말기부터 성행한 사도(茶道)의 영향으로 명품 茶器의 관심과 수요가 증가하였고, 따라서 전쟁 중 여러 지방의 한슈(藩主)들은 도자기 약탈과 함께 조선인 陶工들을 연행해오도록 하였다. 이후 일본에 살게 된 陶工들은 각지에 가마(窯)를 만들고 도자기를 생산함으로써 도자기 생산이 비약적으로 발전하게 되었는데, 그 중 대

---

17 豊田武(1978)『日本史小百科 家系』, 近藤出版者, p.23.

표적인 것으로 李參平의 아리타야키(有田燒)와 沈壽官의 사쓰마야키
(薩摩燒)가 있다.

李參平은 조선에서 陶工을 하고 있다가 비젠(備前)지방의 영주 나
베시마나오시게(鍋島直茂)에 의해 연행되어 왔는데, 이후 나베시마(鍋
島)의 후원을 받으면서 도자기 생산에 종사하였다. 그리고 마침내
아리타야키(有田燒)의 원조가 되었고, 사후 도자기의 신으로 스에야
마신사(陶山神社)에 모셔지게 되었으며, 그의 후손들은 지금도 작품
활동을 이어가면서 14대에 이르고 있다.

그의 이름에 대해서 살펴보면, 조선식 이름 李參平에서 일본 영
주 후 가나가에산베(金ヶ江三兵衛)라는 일본식 이름으로 改名하였는
데, '金ヶ江'란 姓은 그의 출신지가 충청도 金江인데서 유래한 것으
로 알려져 있다. 다만 그가 실제로 李參平이란 이름의 인물이었는
지는 명확하지 않은데, 당시 '三兵衛'를 '參平'으로 표기한 사료가
있는 점, 가나가에(金ヶ江)가문에 전해오는 고문서에 李氏라고 기재
가 된 점 등을 바탕으로, 그와 同鄕의 유학자인 다니구치란덴(谷口藍
田)이 붙인 이름인 것이고, 따라서 參平이 조선에서 살고 있었을 때
의 진짜 이름인지는 알 수 없다는 것이다.[18]

한편 李參平이 가나가에산베(金ヶ江三兵衛)로 改名한 것과는 달리 沈
壽官家는 지금까지 조선식 이름을 지키고 있어 대비가 된다. 사쓰
마야키(薩摩燒)의 발상지인 나에시로가와(苗代川)에는 沈壽官家로 불
리는 조선에서 연행된 陶工들이 거주하고 있었는데, 시조인 初代 沈

---

18 http://ja.wikipedia.org/wiki/李参平.

当吉은 경북 청송이 본관인 青松 沈氏의 가계로, 정유재란(慶長の役)때 인 1598년에 시마즈요시히로(島津義広)에 의해 연행된 披虜人이었다. 그의 자손은 대대로 조선식 이름을 이어갔고, 藩으로부터 거주지 가 나에시로가와(苗代川)에 한정되었다. 제2대 沈当壽, 제3대 沈陶一 은 陶工으로서 뛰어난 기능을 보유하고 있어 藩의 陶器所를 주재하 였고, 메이지(明治) 이후 제12대 当主인 沈壽官 때부터 襲名되어 현재 제15대 沈壽官에 이르고 있는 것이다.[19]

당시 시마즈한(島津藩)에서는 관리를 상주시키면서 도자기 생산을 독려하였고 생산된 제품을 나가사키(長崎)로 운송하여 재정의 자원 으로 삼았다. 그런 만큼 한(藩)에서는 陶工들을 무사에 버금가는 대 우를 해주었지만, 다른 한편으로는 통제도 심하게 행해졌다. 나에 시로가와(苗代川) 사람들에게 "엔쓰키금지령(縁付禁止令)"(延宝4年=1676년) 을 내려 일본인과의 결혼을 금하였고, 일본식 이름을 사용하거나 마음대로 일하는 것도 금하여, 일본에 동화되는 것을 허용하지 않 았다. 즉 일반 일본인이 나에시로가와(苗代川) 사람에게 혼인해 들어 가는 入縁은 허락해도 반대로 出縁은 허락하지 않아 조선 풍습을 지키는 것을 권장하였던 것이다.[20]

이렇게 외부와 단절된 채 조선식 풍습과 이름을 사용하며 지내 던 나에시로가와(苗代川) 주민들은 메이지(明治)유신과 더불어 만민평 등으로 모든 평민도 姓을 갖게 되자 주변의 일본인들로부터 '쓰보 야노코라이진(壺屋の高麗人)'이란 험담을 들으며 차별당하는 신분이

---

19 http://ja.wikipedia.org/wiki/沈壽官.
20 金一勉(1978)『朝鮮人がなぜ「日本名」を名のるのか』, 三一書房, p.24.

되었다. 이후 陶器의 쇠퇴와 차별을 피해 고향을 떠나는 사람도 늘어났고 500호 이상이었던 가구 수도 메이지(明治) 말기에는 300호로 줄었는데 그 중 70호 정도가 陶工을 이어갔다고 한다.[21]

한편 고향을 떠난 나에시로가와(苗代川) 사람들이 보통의 일본인이 되기 위해서는 일본식 姓으로 改姓할 필요가 생겼는데 주로 외지의 일본인에게 양자로 들어가 緣을 맺는 방법이 있었다. 말하자면 사회적 편견과 차별을 피하기 위해서 改姓이 필요했던 것인데, 그럼에도 沈家에서는 제12대 당주 沈壽官에 이르러서도 조선식 이름을 그대로 지켰다. 막부 말기와 유신의 격동기를 거치면서 廢藩후 한(藩)의 보호를 잃게 된 사쓰마야키(薩摩焼) 가마들이 폐업해가는 가운데서도 沈壽官家는 민간 경영으로의 이행에 성공하는 등 생산의 근대화에 노력하였고 박람회 출품 등을 통해 해외 판로의 확대를 이루었으며, 前述한 바와 같이 沈壽官이란 조선식 이름을 襲名하여 현재 제15대 沈壽官에 이르고 있다.[22]

5. 在日 코리안의 改名

일제 강점기와 일본의 패전 후 많은 한국인들이 일본에 거주하게 되었는데, 남북한을 통합해서 在日 코리안이란 명칭으로 부르고 있다. 그들이 사용하는 이름을 보면, 국적과 상관없이 한국식 이름인

---

21 金一勉, 前揭書, p.27.
22 http://ja.wikipedia.org/wiki/沈壽官.

民族名 외에 일본식 이름인 日本名도 함께 사용하는 것을 볼 수 있다. 잘 알려진 유명인을 예로 들어 보자면, 姜尙中은 구마모토(熊本)에서 태어난 교포 2세이고 대한민국 국적자로서 최초로 도쿄(東京)대학 교수가 되었는데, 어려서부터 나가노테쓰오(永野鉄男)라는 일본식 이름으로 부르다가 1972년에 한국을 방문한 것이 계기가 되어 姜尙中이란 民族名을 사용하고 있는 것으로 알려져 있다. 그리고 격투기 선수 秋成勳은 오사카(大阪)에서 태어난 在日 한국인 4세로, 한국에서 유도 국가대표 선수가 되기 위해 노력했지만 교포에 대한 편견 등의 어려움으로 포기하고 일본으로 돌아가 아키야마요시히로(秋山成勳)라는 이름으로 改名하고 일본 국적을 취득했다. 야구선수 장훈(張勳)은 히로시마(広島) 출신의 교포 2세로 대한민국 국적을 지니고 있고 張勳이라는 본명 외에 通名으로서 하리모토이사오(張本勳)라는 일본식 이름을 사용하고 있다. 이 외에도 같은 야구선수인 가네다마사이치(金田正一)도 한국명 金慶弘이었지만 귀화와 함께 改名을 하였다.

이처럼 在日 코리안들은 한국식 이름인 民族名 외에 일본식 이름인 日本名도 사용하였는데, 귀화하지 않은 경우에도 通名으로 日本名을 사용하는 경우가 많았음을 알 수 있다. 그리고 일본 이름을 지을 때도 완전히 새로 일본식 이름을 짓는 경우도 있지만, 위의 예와 같이 秋를 아키야마(秋山), 張을 하리모토(張本), 金을 가네다(金田)와 같이, 한국의 외자 姓에 한 글자를 더하여 두 글자의 일본식 姓으로 바꾸는 경우를 많이 볼 수 있다. 이것은 아마 改名을 하더라도 한국인으로서의 흔적을 남기고자 한 고육지책의 결과가 아니었을까 생각된다.

126

5.1 日本名 사용 상황과 이유

그렇다면 在日 코리안들은 얼마나 日本名을 사용하고 있는지, 그리고 日本名 사용의 이유는 무엇인지에 대해 알아볼 필요가 있겠는데, 관련 조사와 통계를 인용하여 살펴보고자 한다. 우선 2002년에 재일코리안청년연합이 실시한 오사카(大阪) 거주 한국/조선 국적자의 이름 사용에 대한 의식 조사의 결과를 정리해 보면 다음과 같다.[23]

〈표1〉 民族名(本名)의 使用狀況

回答しない	3.4%
いつも民族名	7.9%
民族名が多い	7.5%
日本名が多い	25%
ほとんど日本名	56.2%

<표1> 보면, 언제나 民族名을 사용한다(7.9%)와 民族名을 사용하는 경우가 많다(7.5%)와 같이 民族名 사용 비율이 15.4%이고, 일본명 사용이 많다(25%)와 거의 日本名을 사용한다(56.2%)와 같이 日本名 사용이 81.2%이므로, 보통 日本名을 사용하는 경우가 압도적으로 많은 비율을 차지하고 있다.

다음으로 日本名을 사용하는 이유에 대한 조사 결과는 다음과 같다.

---

23 https://www.key-j.net/keyword-name.

〈표2〉 日本名を名乗る理由

	全体	20代	40代	60代	70代以上
生まれたときから使っている	68.9%	80.4%	76.7%	64.8%	26.5%
民族名だと差別される	9.2%	7.8%	7.5%	11.3%	17.6%
民族名で差別を受けた経験がある	7.3%	3.9%	2.5%	11.3%	23.5%
その他	7.3%	4.9%	4.2%	2.8%	26.5%
回答なし	7.3%	2.9%	9.2%	9.9%	5.9%

전체적으로 보면, [태어났을 때부터 사용하고 있어서]가 68.9%로 압도적으로 많고, [民族名은 차별을 받는다] 9.2%와 [民族名으로 차별을 당한 경험이 있다] 7.3%를 더하면, 民族名 사용에 따른 차별 때문이라고 답한 경우가 16.5%이다. 특히 주목되는 점은, 20대 젊은 세대는 태어나면서부터 日本名을 사용한 경우가 80.4%로 많았지만 나이가 많을수록 그 비율은 줄어들어 70대 이상 노년층의 경우에서는 26.5%로 현저히 줄어들고 있고, 대신에 60대 이상 노년층으로 갈수록 民族名에 의한 차별 경험 비율이 높아지고 있는 점이다. 이처럼 民族名 사용으로 차별을 경험한 노년층은, 후손들이 자기들과 같은 비참한 경험을 하지 않도록 하기 위해서 태어날 때부터 民族名 대신 日本名을 지어주었을 것이고, 따라서 젊은 세대의 日本名 사용 비율이 높아지게 된 것으로 보인다.

5.2 日本名으로의 改名과 사회적 차별

위의 통계 조사에서 본 바와 같이 在日 코리안의 日本名 사용비율은 매우 높은 편이고 특히 젊은 세대는 태어날 때부터 日本名을 사용하는 경우가 많았는데, 이러한 결과의 이유는 부모 세대가 겪은 차별의 경험을 후손에게는 겪지 않도록 하기 위해서였을 것으로 추측해 보았다. 그렇다면 구체적인 차별 사례에 대해 알아보기 위해서 오사카부(大阪府)교육위원회가 작성한 '在日外国人生徒進路追跡調査報告書(2000년)'를 통해 그 의미를 생각해보도록 하겠다.

〈표3〉 日本名に変えた時期

小学生	17.6%
中学生	8.8%
高校生	42.6%
高校卒業後進学してから	12.2%
就職してから	18.9%

〈표4〉 日本名に変えた理由

自分の意志による	17.8%
日本で生まれ育ったから	6.3%
家族の勧めによる	13.7%
日本の学校へ行くため	5.3%
就職のため	20%
大学等入試のため	9.6%
帰化・結婚のため	8.4%
先生の勧めによる	4.2%
その他	14.7%

129

위 조사는 외국적 학생에 대한 조사로 되어 있지만 응답자의 97.7%가 한국·조선국적이어서 在日 코리안 학생에 대한 조사로 보아도 무방할 것 같다. 日本名으로 바꾼 시기에 있어서는 고교생(42.6%) 취직하고 나서(18.9%) 초등학생(17.6%) 순이었지만 고교 대학 취직을 합하면 73.7%에 달하고 있어 주로 고교 진학하면서 많은 改名이 이루어짐을 보여주고 있다. 그리고 改名의 가장 많은 이유는 취직 때문(20%)이었고, 귀화나 결혼을 위해서 改名하는 비율도 8.4%나 되었다. 따라서 일본 사회에서 在日 코리안의 日本名으로의 改名은 단순한 불편함이나 위화감을 넘어선 실질적인 삶의 문제와 관련된 것이었고, 어떤 의미에서는 改名을 하지 않을 수 없게 하는 사회적 압력이 존재하고 있음을 말해주는 것이다.

이와 같이 이름을 통해 본 통계상의 수치는 그 裏面에 在日 코리안들이 겪어온 수많은 편견과 차별의 사례가 실재하고 있었기 때문에 나타난 결과이다. 출생에서부터 입학 취직 결혼 출산 죽음에 이르기까지 일생의 여러 단계에서, 在日 코리안이 民族名을 보존하고 사용하며 살아가는 것은 至難한 일이었을 것이고, 日本名으로의 改名이나 通名의 사용은 그럴 수밖에 없었던 트랜스내셔널 서벌턴으로서의 삶을 보여주는 서글픈 단면이라고 할 수 있을 것이다.

6. 맺음말

일본에 거주하는 트랜스내셔널 서벌턴의 삶을 照明하기 위해서는 다양한 시각에서 종합적인 분석이 필요한데, 본 고찰에서는 이름과 改名에 초점을 맞추어 접근해 보았다. 먼저 이름(姓名)에 대한 일본적 특징으로, 천황가의 이름과 賜姓, 改姓이 가능한 사회라는 점에 주목하였는데, 천황은 신의 후예이므로 일반인과 달리 姓과 호적이 없고 姓을 하사할 수 있는 특별한 존재라는 인식, 결혼과 함께 부부의 한쪽이 姓을 바꾼다든지 도요토미히데요시(豊臣秀吉)에서 보듯이 여러 번 姓을 바꾸는 등 改姓이 가능하다는 점 등을 들 수 있겠다. 그리고 이러한 특징이 在日 트랜스내셔널 서벌턴의 改名에도 영향을 미쳤을 것으로 생각된다.

한편 고대 한반도의 3국은 한일 관계에 따라 상당한 渡日人이 발생했는데, 『신센쇼지로쿠(新撰姓氏錄)』를 보면 총 1182氏 중 渡日人系가 326氏로 약 27~8%라는 높은 비율을 차지하고 있음을 알 수 있고, 고구려 백제 신라의 각국 출신 渡日人들이 日本式 姓으로 가문을 형성하고 살아오며 일본 문화에 영향을 주었다.

16세기 말에는 일본의 조선 침략과 함께 많은 도자기 약탈과 陶工의 연행이 자행되었는데, 대표적인 가문으로 아리타야키(有田燒)의 李參平과 사쓰마야키(薩摩燒)의 沈壽官家에 대해 살펴보았다. 그 중 李參平은 가나가에산베(金ヶ江三兵衛)로 改名하였는데, 가나가에(金ヶ江)라는 姓은 그의 조선에서의 출신지명에 뿌리를 둔 것으로, 일본식 이름으로 改名하면서도 조선인으로서의 흔적을 남기고자 한 노력이 아니었을까 생각된다. 이에 비해 나에시로가와(苗代川)의 沈壽官家와 被虜 陶工들은 외부와 단절된 채 차별 속에 살아왔지만 현재는 제15대까지 沈壽官이란 조선식 이름을 襲名하며 도자기 가문으로서의 명성을 유지하고 있다.

한편 일제 강점기와 태평양 전쟁 후 많은 한국인들이 일본에 거주하게 되었고, 이들 在日 코리안은 한국식 이름인 民族名 외에 日本名으로 改名하거나 通名으로서 日本名도 함께 사용하게 되었다. 이들의 日本名 사용 상황과 이유 등 改名과 관련한 여러 통계 수치를 보면, 일본 사회에서 在日 코리안들이 改名을 하지 않고서는 살아가기 어렵게 사회적 압력이 존재하고 있었음을 짐작하게 한다.

말하자면 이름과 改名은 한일간의 역사적 고비마다 발생한 渡日人과 그들의 삶의 일부였고 트랜스내셔널 서벌턴으로서의 치열한 생존의 과정이었다고 할 수 있을 것이다.

| 참고문헌 |

今井源衛외2인校注・訳(1970)『源氏物語(1)』(日本古典文学全集), 小学館, p.117.

大野晋외3인校注(1965) 『日本書紀(下)』(日本古典文学大系), 岩波書店, p.127, p.373.

大野晋외3인校注(1967)『日本書紀上』(日本古典文学大系), 岩波書店, p.261, pp. 371-373.

金一勉(1978)『朝鮮人がなぜ「日本名」を名のるのか』, 三一書房, p.24, p.27.

黑板勝美國史大系編修會(1988)『續日本紀前篇』, 吉川弘文館, p.132, p.254.

国史大辞典編纂委員会編(1986)『国史大辞典7』, 吉川弘文館, p.869.

高柳光寿・竹内理三편(1986)『日本史辞典』, 角川書店, p.208.

豊田武(1978)『日本史小百科 家系』, 近藤出版者, p.20, p.23.

| 인터넷자료 |

在日コリアンにとっての名前(key-jhttps://www.key-j.net/keyword-name).

婚姻後に姓を変える女性の割合(http://charitsumo.com/number/18985).

https://ja.wikipedia.org/wiki/豊臣秀吉#年表.

http://ja.wikipedia.org/wiki/李参平.

http://ja.wikipedia.org/wiki/沈壽官.

일본 유아교육에서의
ICT 교육과 휴머니티
서벌턴 측면에서의 고찰

김 경 옥

1. 머리말

최근 일본에서는 유아를 포함한 아동들에 대한 ICT(정보통신기술) 교육의 필요성을 강조하고 있다. 문부과학성(2018)[1]은 유아교육의 질적 향상을 위해 '유치원교육요령'에 따라 교육과정, 지도계획, 지도방법의 개선이 필요하다고 하며 유아교육의 교육과제에 필요한 조사연구를 추진하였다.

그 내용을 살펴보면 '유아교육의 교육과제에 대응한 지도 방법

1　文部科学省 https://www.mext.go.jp/result_js.htm?q=ICT(검색일: 2020.09.01.)

등의 충실을 위한 조사 연구'라는 제목으로 되어있다. 좀 더 구체적인 연구 주제는 'ICT와 첨단기술 활용 등을 통한 유아교육 충실화에 관한 조사 연구', '향후 유아교육과 ICT의 활용' 등이 포함되어 있다. 시대 상황이 급변하여 유아들과 유아교육 담당자들[2]의 ICT 교육이 불가피한 상황이라는 것을 강조하며 ICT 교육을 본격적으로 실천하겠다는 계획을 분명히 밝히고 있다.

그런데 ICT 교육의 도입은 교육관을 비롯한 교육의 전반적인 환경을 변화시켜야 함은 물론 교육시스템에 연동하여 유아를 대상으로 하는 교육내용에도 큰 영향을 미친다. 뿐만 아니라 주지하는 바와 같이 최근 유아의 ICT 이용에 대한 찬반 논란이 분분함은 물론, 코로나-19로 인한 팬데믹(Pandemic) 상황에서 유아의 미디어 노출 증가가 심각한 문제로 언급되고 있다.

이러한 상황에서 일본의 유아교육에 ICT 교육을 도입하고 실천하겠다는 계획이 과연 실현 가능한가에 대해서는 의문을 갖지 않을 수 없다. 왜냐하면 전후(1945)부터 지금까지 일본에서 시행해온 유아교육의 기본 방침을 보면 자연환경을 활용한 놀이 중심의 교육을 지향하고 있기 때문이다. 더구나 현재도 자연과 더불어 하는 놀이 활동을 통해 유아의 신체적 발달과 인격을 형성해가야 한다는 방침을 강조하고 있다.

특히 '유치원교육요령'에 명시한 내용을 보면 자연과의 관계와 생명 존중에 관한 내용이 자세히 나타나 있다. 일본 유아교육은 자연을

---

2 유아교육 담당자는, 유치원 및 보육원 교사, 교원, 보육자, 양육자, 선생님 등을 포함하는 것으로, 상황에 따라 적절한 용어로 서술하고자 한다.

소중히 여기고 자연과 함께하는 프로그램이 중심이 되어 유아의 일 과는 자연적인 것과의 놀이 활동으로 보내는 것이 일반적이다.

따라서 지금까지 유치원을 비롯한 유아교육 기관에서는 자연 친 화적 프로그램을 중심으로 교육 활동을 실천하며 ICT 교육을 사실 상 부정해 왔다고 할 수 있다. 영유아기 아동이 ICT 기기에 많이 노 출되면 신체적 건강은 물론 바람직한 인격 형성을 기대하기 어렵 고 유아기에 잘못 형성된 인격은 휴머니티 즉 바람직한 인간성을 갖추기 어렵다는 우려 때문이다.

이에 본고에서는 우선 ICT 교육의 현상과 휴머니티의 개념을 파 악하여 상호연관성에 대해 알아보겠다. 또 일본의 유아교육과 관련 하여 ICT 교육을 부정해 왔던 상황에서 긍정적으로 실천하고자 한 경위를 알아보고 ICT 교육의 제상에 대해 알아보겠다. 마지막으로 교육의 수혜자이면서도 교육의 선택권을 발휘할 수 없는 유아의 입 장을 서벌턴(Subaltern) 개념으로 조명해보고, 유아를 대상으로 하는 ICT 교육의 시행이 초래할 수 있는 상황을 추론해보고자 한다.

2. ICT 교육과 휴머니티

2.1 ICT 교육 현상

주지하는 바와 같이, 일반적으로 ICT(Information Communication Technology)란 정보통신기술을 가리키는 말로, 정보 기술(Information

Technology)과 통신 기술(Communication Technology)을 결합한 용어로 사용하고 있다. 사전에 의하면[3]

> "정보기기의 운영 및 정보 관리에 필요한 소프트웨어 기술과 이들 기술을 이용하여 정보를 수집, 생산 가공, 보존, 전달, 활용하는 모든 방법을 말한다. 정보기기란 학교 현장에서 학습 및 행정업무를 목적으로 사용하는 컴퓨터 및 주변기기, 교단 선진화 기기(실물 화상기, 프로젝션 TV, VTR, 디지털 비디오 카메라 등)를 말한다. 이외에도 향후 정보통신기술 발달에 따라 디지털 기술을 바탕으로 교수·학습에 활용 가능한 정보 기기(PDA, DVD, 웹캠 등)도 이에 포함된다. ICT 교육은 초·중등학교 학생들이 컴퓨터, 각종 정보기기 멀티미디어 매체 등을 이용하여 지식 정보화 사회에서 필요로 하는 정보의 생성, 처리, 분석, 검색, 활용 등의 기본적인 정보 소양 능력을 기르고 이를 학습 활동과 일상생활에 적극적으로 활용하게 하는 데 목적이 있다."

고 되어있다. 이렇게 ICT를 활용한 교육적 효과는 머리말에 언급한바와 같이 부정적인 면과 긍정적인 면을 동시에 지닌 상황에서 그 활용도가 높아지고 있는 것이 현실이다. 지금의 상황을 보더라도 코로나-19로 인해 교육시스템이 ICT 기기를 활용하지 않고서는 원활한 교육을 기대하기 어려운 상황에까지 이르렀다. 그러나

---

3   매일경제용어사전
   https://terms.naver.com/entry.nhn?docId=16490&cid=43659&categoryId
   인용 (검색일: 2020. 09.10.)

문제는 학교 교육에의 활용뿐만이 아니라 이용 연령층이 영아나 유아⁴로 점점 낮아지고 있다는 점에 주목해야 할 필요가 있다.

영유아가 스마트폰을 비롯한 ICT 환경에 노출됨에 따라 우려하는 목소리 또한 증가하는 것은 사실상 일본 사회에만 국한된 것은 아니다. 한국의 경우, 과학기술정보통신부와 한국정보화진흥원에서 실시한 '스마트폰 과의존 조사'⁵에 의하면, 3~9세 유아동의 경우 스마트폰 과의존 위험군 비율이 2021년 현재 28.4%를 차지하고 있는 것으로 나타났다. 또 가쓰미·다무라·후지무라(2019)는,

> "미국에서는 2011년부터 2017년 사이에 0~8세 어린이의 모바일 미디어 이용이 38%에서 84%로 증가하여 2세 미만 영아의 약 9%가 적어도 1일 1회 모바일 미디어를 사용하고 있다고 보고되고 있다 (Common Sense, 2017). 영국에서는 3~4세 어린이의 약 65%가 테블릿 기기를 이용하고 있다고 보고되었다(Ofcom, 2017). 대만에서는 영유아가 ICT 기기를 이용하기 시작하는 연령을 조사했는데 0~2세 이하의 영아 약 8%가, 3~4세 부터의 약 29%가 ICT 기기를 이용하기 시작한

---

4 일본의 경우 영아는 '乳兒'라 부르며 생후 0세부터 1세 미만의 아이를, 유아는 '幼兒'라 부르며 만1세부터 취학 전까지의 아이를 말한다. 한국의 경우 3세 미만의 아이를 영아라 하고(교육심리학에서는 2세 미만), 3세 이상부터 취학 전까지의 아이를 유아라고 한다. 따라서 본고에서는 영아와 유아를 반드시 구분하여야 할 경우를 제외하고 '영유아'와 '유아'를 혼재하여 사용하였다.
5 과학기술정보통신부 한국진흥정보사회진흥원(2021)「2021년 스마트폰 과의존 실태조사 보고서」, 통계조사, pp.34-35.
한국진흥정보사회진흥원,
https://www.nia.or.kr/site/nia_kor/ex/bbs/View.do?cbIdx=65914&bcIdx=24288&parentSeq=24288(검색일: 2022.01.20.)

사실 등이 보고되고 있다(WEI and CHUANG, 2016)."[6]

고 설명하고 있다. 이러한 상황에서 대만 의회는 2세 미만의 영아가 스마트폰을 사용할 수 없도록 사용을 금지하는 법을 제정하고(2015) 이를 위반할 경우 부모에게 한화로 약 175만 원의 벌금을 부과하도록 하였다.

위와 같은 조사를 통해 알 수 있는 바와 같이 영유아의 ICT 이용은 특정 국가나 사회만이 아니라 여러 지역에서 나타나는 현상이다. 즉 영유아들의 ICT 이용은 점차적으로 일반화 되고 있으며 특히 저연령층의 이용이 문제시 되고 있음을 알 수 있다.

세계적 조류와 함께 일본의 경우도 내각부[7]에서 조사한 결과를 보면 저연령층의 ICT 이용이 증가하고 있음을 알 수 있다. 저연령층 자녀의 보호자 2,247명에게 '자녀가 인터넷을 이용하고 있는지'에 대해 조사한 결과, 「인터넷을 이용하고 있다」는 64.0%, 「인터넷을 이용하고 있지 않다」는 36.0%였다. 이와 같은 수치는 2020년 현재 전년도대비 6.8% 증가하여 64.4%가 인터넷을 이용하고 있다고 나타났다. 연령대를 보면, 0세 7.1%, 1세 17.2%, 2세 43.8%, 3세 60.2%, 4세 58.7%, 5세 66.0%, 6세 71.2%, 7세 76.6%, 8세 85.7%, 9세에 87.2%로 나타난다. 이와 같이 6세 이하인 취학 전 영유아의 ICT 기기의 노출만 보더라도 70%를 넘고 있다.

---

6 勝見慶子・田村隆宏・藤村裕一(2019) 「幼児のICT機器利用に関する保護者の認識に及ぼす教育効果」Vol.25, No2, 教育メディア研究, p.1.

7 内閣府 https://www8.cao.go.jp/youth/youth-harm/chousa/r02/jittai-html/2_3_1.html (검색일:2021.12.10.)

한편, 히로세 미에코 외(2021)[8]는 '유치원교육요령'에도 유아에 대한 ICT 교육이 제시되었으나 이에 대한 학술연구가 불충분할 뿐만 아니라 아직 유치원의 상황을 보더라도 ICT 교육이 추진되고 있지 않다고 지적하고 있다. 그리고 ICT를 활용한 교육의 중요성을 강조하며, 기존의 놀이와 체험을 중심으로 한 교육은 불역(不易)의 교육으로, ICT 교육의 도입은 유행으로서의 미디어 특성 교육으로 가르쳐야 한다고 말한다. 유아교육 담당자는 ICT 활용의 이해를 심화해 갈 필요가 있으며 유아기에 제대로 가르쳐야 한다는 것이다. 그러면서도 ICT 교육의 유효성은 아직 가설 단계이므로 기존의 놀이 및 체험교육을 보완하는 형태로 ICT 활용 교육의 바람직한 방향을 찾아야 하는 것이 과제로 남아있다고 말한다.

또 쓰다 사토시(2020)[9]는 취학 이후 즉, 학교에서는 태블릿을 활용하는 수업을 적극 추진하고 있는데 비해 유치원에서는 아직 활용하고 있지 않음을 지적하고 있다. 유아가 가정에서 스마트폰 등을 사용하는 것은 상당히 진보되어있음을 언급하며 유치원에서도 ICT 활용 교육에 대해 소극적이어서는 안된다고 말한다. 그러나 그의 설문 조사 내용을 보아도 알 수 있듯이 영유아의 보호자 입장에서는 ICT 교육에 대한 찬성이 31.9%, 반대가 31.5%, 어느 쪽도 아니다가 36.1%로 의견이 분분하다. 더구나 반대의견의 이유를 보

8　廣瀬 三枝子・藤村 裕一(2021)「幼児期の直接的な体験を補完・促進・充実させるICT 活用教育の在り方」『日本教育工学会研究報告集』巻2号, 日本教育工学会, pp. 152-157.

9　津田敏(2020)「園児のデジタルデバイス使用から考えるICT 活用教育の一考察」『姫路日ノ本大学紀要』第42集, 姫路日ノ本短期大学, pp.7-22.

면 영유아의 시력 저하 44.5%, 사고력 저하 39.7%, 협조성 발달 저하 25.9% 때문이라는 결과를 보이고 있다. 이러한 양상을 볼 때 ICT 교육은 정부의 교육 정책적 측면에서는 지향하고 있으나 보호자 입장에서는 부정적 영향에 대한 우려로 인해 반대의 의견을 나타내고 있다.

2.2 ICT 교육과 휴머니티의 상호연관성

휴머니티(Humanity)에 대한 사전적 설명은 '인간성'으로 번역되며 좀 더 구체적으로는 인간다운 성질 또는 인간의 본성을 가리키는 말이라고 되어있다. 여기에 더하여 인간에 대한 사랑 또는 따뜻한 인정이라는 의미도 포함된다. 그렇다면 휴머니티는 인간과 인간의 '관계'에 의해 형성되는 바람직한 인간성을 의미한다고 할 수 있다.

인간은 사회적 동물이라는 말이 있듯이 인간은 태어나는 순간부터 생리적으로 인간(주로 부모)의 도움을 받아야만 생존할 수 있다. 즉 태어나면서는 부모와의 관계를, 성장 과정에서는 친구를 비롯한 주변 사람들과의 관계를 통해 성숙해가는 것이다. 여기에서 성숙해간다는 것은 자신의 인간성을 만들어가는 것이라고도 할 수 있다. 그리고 인간관계를 통해 바람직한 인간성을 완성해 갈 수 있도록 그 틀을 형성하는 시기가 영유아기이다. 미성숙한 상태로 태어난 인간의 영유아기는 시각과 청각 능력을 발휘하여 주변 사람의 행동이나 표정과 말에 따라 반응하며 언어와 정서 등을 발달시켜 나간다. 그러면서 부모를 비롯한 주변 사람들과의 애착 관계를 형성한다.

한편, 최근 음식점이나 공공장소에서 영유아들이 스마트폰에 집중하고 있는 장면은 일본뿐만 아니라 한국 사회에서도 흔히 볼 수 있는 광경이다. 아이가 흔들리는 유모차 안에서나 심지어는 걸어가면서 조차 영상에 열중하고 있는 모습을 볼 수 있다. 그도 그럴 것이 유아용 스마트폰 게임과 교육 앱은 수를 헤아릴 수 없을 정도로 많다.

그러나 영유아기에 ICT 기기를 접한다는 것은 상대방과의 상호적 대화가 아니라 시각적 청각적 자극에 대한 영유아의 일방적 반응만을 발신하는 상황을 만드는 것이다. 따라서 영유아의 반응에 적절히 대응해주지 못하는 상황으로 인해 언어적으로나 정서적으로 바람직한 발달을 기대하기 어렵다. 또 장시간 움직임이 없이 고정적인 자세로 앉아있는 경우가 많기때문에 신체적 발달에도 악영향을 미친다. 예를 들면, 시력 저하는 물론이고 신체 각 부분의 운동 기능이 저하될 뿐만 아니라 대인관계에도 악영향을 미친다. 또 유아가 자주 ICT 기기에 노출될 경우 여러 '증후군'[10]이 나타날 위

---

10 영유아 스마트폰 증후군은 6세 미만 영유아들이 스마트폰의 영상·게임 등에 장시간 노출되어 뇌가 불균형적으로 발달하는 정신적 질환을 일컫는 말이다. 0~6세까지는 비언어적인 기능(눈짓, 몸짓 등)을 담당하는 우뇌가 먼저 발달하고 언어적인 기능을 담당하는 좌뇌는 3세부터 발달한다. 그런데 영유아기에 스마트폰에 과도하게 노출되면 좌뇌만의 기능이 활성화되고 우뇌는 발달할 여지가 줄어들어 반복적이고 단순한 것에 쉽게 빠지는 성향이 생긴다. 트렌드지식사전 인용. https://100.daum.net/encyclopedia/view/54XX34300076(검색일: 2020.09.25.)

험도 있다. 이러한 환경에서 ICT 교육과 휴머니티의 지향은 서로 상반된 모습을 보이며 사실상 딜레마에 빠져있다고 할 수 있다.

영유아의 ICT 기기 노출이 바람직한 인간성 발달과 형성을 기대하기 어렵다는 견해는 이미 오래다. 빌게이츠나 스티브잡스 마저도 자신들의 자녀가 ICT 기기에 노출되는 것을 반대했다는 일화는 주지하는 바일 것이다. 예를 들어 위양미(2018)는,

> 유아들은 한 살 때부터 성인이 되기까지 무려 삼만여 개의 어휘를 듣고 배우게 된다고 한다. 그러므로 유아들은 어휘발달을 위해서라도 스마트기기, 인터넷 등의 매체를 반복적으로 보여주는 일을 자제해야 한다. 특히 생각하는 능력이 확장되는 영유아기는 시각, 청각, 후각, 미각, 촉감을 통해 경험과 지식을 늘려가는 것이 인지·정서발달에 필수 불가결이다. 또한 유아들이 스마트기기를 이용하면 또래와의 상호작용이 부족하여 사회성이 저하되고, 주의집중 문제, 불안, 우울, 공격행동을 나타내며 발달단계에서 알고 있는 지식과 경험을 행동하기 보다는 매우 흥미롭고 자극적인 요소에 충동을 억제하지 못하고 본능에 따라 감정을 표출하여 행동하게 된다.[11]

고 서술하고 있다. 여기에서 주목해야 할 부분은 부모나 주변 사람들 또는 또래와의 상호작용 기회 결여로 인해 사회성 발달이 저하된다는 것이다. 사회성 발달은 친사회적 행동과 비례하므로 타인

---

11 위양미(2018)「유아의 스마트폰 과의존이 아버지 양육태도에 미치는 영향」, 남부대학교 교육대학원 유아교육전공 석사학위논문, p.2 인용.

을 도와주거나 배려하는 마음을 기대하기 어려우며 의사소통에까지 영향을 미치게 된다. 따라서 영유아기에 ICT 기기에 노출된 형태의 교육은 영유아 발달의 특성상 바람직한 휴머니티 형성을 기대하기 어려운 상황에 이르게 할 것으로 보인다.

3. 유아교육과 ICT 교육

3.1 일본의 유아교육

문부과학성의 학습지도요령에서 '유치원교육요령'을 보면[12] 유아기의 교육은 평생에 걸친 인격 형성의 기초를 기르는 중요한 것이라고 명시하고 있다. 유치원에서 시행하고 있는 주된 교육내용을 보더라도 자연과의 관계 속에서 인격완성의 기초 형성을 목표로 한다. 교육내용을 구체적으로 살펴보면 건강·인간관계·환경·언어·표현이라는 5개의 영역으로 구분되어 있으며 각각의 영역은 모두 자연과의 관계를 중심으로 한 내용이 포함되어있다. 즉 유아의 발달에 직접적 영향이 미치는 5개 영역이 모두 관계를 중요시하는 자연 친화적인 놀이 중심의 교육내용으로 구성되어 있으며 구체적으로 살펴보면 다음과 같다.

---

12 일본 학습지도요령의 유치원교육요령 내용을 참고하여 서술하거나 인용함.
文部科学省幼稚園教育要領,
https://www.mext.go.jp/a_menu/shotou/new-cs/youryou/you/index.htm
(검색일: 2020.12.20.)

첫째 건강 영역을 보면, 자연 속에서 느긋하게 몸을 움직여 노는 것으로서, 몸이 제 기능을 하도록 유의하여 유아의 흥미나 관심을 실외에 집중시키고 유아의 동선을 배려한 정원이나 놀이기구의 배치 등을 고려해야 한다고 되어있다.

둘째 인간관계 영역은, 자연이나 가까운 동식물과의 놀이를 통해 풍부한 심성을 육성해야 한다고 되어있다. 특히 사람에 대한 신뢰감이나 배려의 마음은 갈등이나 좌절을 체험하면서 이를 극복하는 것으로 발전한다는 점을 고려해야 함을 명시하고 있다.

셋째 환경 영역은, 친근한 환경에 친숙해지고 자연과 접촉하는 가운데 다양한 사상에 흥미나 관심을 갖도록 한다고 하며 여기에서도 자연과의 관계를 중시하고 있다. 자연과 접촉하는 생활로 계절에 의해 자연이나 인간의 생활에 변화가 있는 것을 깨닫고, 자연 등의 친밀한 사상에 관심을 갖고 놀이를 하며, 가까운 동식물을 친근하게 대하고 생명의 고귀함을 깨달아 돌보거나 소중히 여기는 마음을 길러야 한다고 되어있다. 이렇게 유아기에 있어서 자연이 가지는 의미가 크다는 것을 강조하며 자연과의 접촉이 유아의 마음을 편안하게 하고, 풍부한 감정, 호기심, 사고력, 표현력의 기초가 육성된다고 한다. 그밖에도 유아가 자연과의 관계가 깊어질 수 있도록 고안해야 할 것을 명시하고 있다.

넷째 언어 영역은, 다양한 체험을 하면서 언어와 이미지를 풍부하게 하도록 해야 한다고 되어있다. 언어라는 것은 가까운 사람에게 친밀감을 갖고 대하며 자신의 감정이나 의지 등을 전하는 것으로, 여기에 상대가 응답하고 그 말을 듣는 것을 통해 점차 획득되어

가는 것임을 고려해야 한다고 한다. 유아가 교사나 다른 유아와 관계를 통해 마음을 움직이는 체험을 하고 말을 주고받는 기쁨을 맛볼 수 있도록 해야 한다고 명시하고 있다.

다섯째 표현 영역은, 풍부한 감성을 기르려면 자연 등의 친밀한 환경과의 충분한 관계를 통해 아름다운 것, 뛰어난 것, 마음을 움직이는 사건 등을 만나고, 거기에서 얻은 감동을 다른 유아나 교사와 공유하며 다양하게 표현하도록 해야 한다고 되어 있다.

이상과 같이 5개의 영역에 모두 자연과의 접촉을 기본 교육내용으로 명시하고 있으며 자연을 접하면서 감동하는 체험을 강조하고 있다. 이러한 체험을 통해 자연의 변화 등을 감지하고 호기심이나 탐구심을 가지고 생각하며 이를 언어 등으로 표현하도록 한다고 되어 있다. 이러한 교육은 주변에 있는 사물에 대한 관심이 높아짐과 동시에 자연에 대한 애정이나 경외심을 갖게 된다고 설명하며 자연과 인간과의 관계를 통한 인격 형성을 목표로 하고 있다.

3.2 ICT 교육 도입

일본에서 유아교육에 ICT 교육을 도입해야 한다는 방침을 추진한 것은 다양한 사회적 동향이 반영된 것으로 보인다. 일본의 유아교육 무상화[13]가 시작되면서 신뢰감 있는 안전 보장의 유아교육을

---

13 幼児教育・保育の無償化について, 內閣廳,
https://www8.cao.go.jp/shoushi/shinseido/musyouka/about/index.html(검색일: 2022.01.10.)

위해 현재의 교육 현장을 명확히 파악하여 책임감 있게 교육의 충
실을 도모해야 한다는 것이다. 또 오늘날 직면하게 된 현재 상황을
보면 코로나-19로 인한 팬데믹 현상과 환경문제·자연재해는 물론
첨단과학기술에의 부적응이나 지역간 분쟁 등 여러 문제가 산적해
있다는 점을 일깨우고 있다. 이러한 시대에 유아에게 필요한 것은
살아가기 위한 힘을 길러주는 것이라고 하며 그 일환으로 ICT 교
육을 도입해야 한다는 것이다.

구체적으로는 유아기부터 21세기형 기능과 핵심 역량이라는 자
질과 능력을 길러주어야 하므로 고도정보기술의 진전에 따르는 교
육개혁으로 ICT를 활용한 공정하고 수준 높은 교육을 실현해야 한
다고 말한다.[14] 국제화·정보화·인공지능화가 진행되는 미래사회
를 생각해 볼 때 평생을 좌우하는 인격 형성의 기초를 다지는 것이
유아기이므로 이 시기야말로 ICT 교육이 필요하다는 것을 강조하
며 여러 연구회 및 보고서를 통해 그 필요성을 제시하고 있다.

문부과학성에서는 2014년 '수업 이노베이션 사업'[15]을 계획하고
수업시간에 1인 1대의 ICT 기기를 보급하여 활용하는 교육정책을
추진하였다. ICT는 시간적으로나 공간적으로 제한받지 않고 자유

---

14 文部科学省 国立教育政策研究所 令和2年度教育改革国際シンポジウム,
  https://www.nier.go.jp/06_jigyou/symposium/sympo_r02_02/(검색일: 2021.
  10.20.)
  유아교육에 ICT 교육을 도입해야 한다는 논리와 사회적 배경에 대한 내용은 주
  로 문부과학성의 국립교육정책원구소 자료를 검토하여 정리하였다.
15 文部科学省(2014)「学びのイノベーション事業」, 実証研究報告書,
  https://www.mext.go.jp/b_menu/shingi/chousa/shougai/030/toushin/1346504.
  htm(검색일: 2021.10.20.)

롭게 활용할 수 있으며, 따라서 원활한 소통이 가능하다고 말한다.
또 커스터마이즈(customize)의 활용은 지식과 기능을 육성하기 위한
수업에 도움이 될 뿐만아니라 사고력, 판단력, 표현력을 길러주므
로 주체적 학습 태도를 갖추게 할 수 있다는 것이다. 따라서 이를
교육에 도입하는 실천으로서 2010년 총무성[16]의 '퓨처스쿨 추진
사업'과 함께 '수업 이노베이션 사업'을 추진해왔다.

　이와 같은 일본 정부의 ICT 교육정책을 실현하고자 하는 노력은
2천년대에 들어서면서 박차를 가해 소학교(초등학교) 학습지도요
령[17]에도 명시가 되었다. 학습지도요령에 명시한 이상 학교에서의
수업은 필수적으로 수업을 하게 된다. 더구나 소학교 교육은 의무
교육이므로 ICT 교육 또한 의무교육으로서 수업이 본격화됨을 의
미하며, 유아기의 ICT 교육이 강조되는 이유가 여기에 있다. 취학
전에 소학교 교육과의 원활한 연계를 위해 미리 적극적인 준비를
해야 한다는 것이다. 따라서 현재 이러한 ICT 교육정책을 유치원
이나 보육원의 영유아에게 적용하려는 움직임을 보이고 있다.

　이렇게 일본은 기존의 자연친화적 놀이 중심의 교육 방침에서
새로운 ICT 교육의 도입을 강조하는 경향으로 전환하려는 양상을

16　퓨처스쿨 추진 사업은 ICT를 사용하여 학생들끼리 서로 가르쳐주고 배우는
　　'협동교육' 등을 추진하기 위해 ICT 환경을 구축하고자 했다. 학교 현장에서의
　　ICT 분야의 과제를 추출 · 분석하기 위한 실증 연구를 진행하여 그 성과를 가이
　　드라인으로 작성하고 이를 보급하는 것을 목적으로 시행되었다.
　　総務省, https://www.soumu.go.jp/main_content/000161791.pdf(검색일: 2020.
　　11.20.)
17　학습지도요령은 한국의 교사용지침서와는 달리 법적구속력을 지니고 있기 때
　　문에 반드시 학습지도요령에 따라 가르쳐야 한다.

보이고 있다. 그러나 전술한 바와 같이 유아의 보호자 입장에서는 ICT 교육정책에 대한 반대의 의견이 적지 않으며 특히 유아의 신체적 정신적 건강 문제에 대한 염려가 크다. 따라서 유아의 ICT 교육정책을 실현하자는 견해는 보호자를 비롯한 유치원 · 보육원 등 교육 현장으로부터의 요구에 의해서라기보다는 문부과학성의 주도하에 추진되고 있는 상황이라고 할 수 있다.

3.3 ICT 교육 추진현황

일본 정부의 ICT 교육정책 시행의 촉진과는 다르게 사실상 보호자를 비롯한 교육 현장에서는 적극적으로 시행에 따르고 있는 상황은 아니다. 마루야마 코조(丸山幸三)의 조사[18]에 따르면, 유아교육에 ICT를 활용하는 것에 동의하는 의견에 대한 이유가, 컴퓨터 등의 기기에 익숙해지도록 하는 것도 중요하다고 생각하는 견해와, 기기를 다루는 것도 놀이의 일종으로 활용한다면 긍정적으로 볼 수 있다는 견해이다. 그러나 사실상 유치원에서 유아가 ICT를 활용한 수업을 하고 있는 경우는 겨우 11.7%에 그치고 있다. 또 유아의 창조력 · 표현력 · 발상력 향상을 위해 컴퓨터가 도움이 되는지에 대한 조사 결과를 보면 긍정이 35.3%이고 부정이 47.1%로 나타났다.

18　丸山幸三(2017)「幼児教育におけるICT活用について―ワークショップ実践から見えてきた情報教育のあり方―」『豊岡短期大学論集』No.14, 豊岡短期大学, pp.103-112.

정부의 시행 촉진에도 불구하고 왜 사실상 시행이 진척되지 않는가에 대해서는 여러 가지 이유가 있을 수 있으나 여기에서는 세 가지로 정리하여 ICT 교육정책 시행이 어려운 배경을 살펴보았다.

첫째, 유아기의 성장과 발달의 측면에서 보면 역시 실제 체험을 통한 놀이가 중심이 되어야 한다는 생각이 지배적이다. 따라서 ICT 활용의 적극적 태도는 물론 인식의 측면에서도 ICT를 유아교육에 활용해야 한다는 의견이 저조하다.

인간의 발달과정에서 유아기에 획득 가능한 능력은 인지능력과 비인지능력(Non Cognitive Skill)[19]이 있다. 여기에서 비인지 능력은 문부과학성에서 중시하는 '살아가는 힘'과 일맥상통한다. 시오미 토시유키(汐見稔幸) 외(2017)에 의하면[20] 비인지능력은 다양한 활동을 통해 발달하는데, 0~2세 시기에 형성되는 부모나 양육자와의 애착 관계를 토대로 발달한다. 비인지 능력은 단순하게 학습을 통해 지식이나 기술 습득으로 향상하는 인지능력과는 달리 습득하고 발달

---

19 비인지 능력이란, 의욕・협조성・끈기・인내력・계획성・자제심・창조성・커뮤니케이션 능력 등 측정할 수 없는 개인의 특성에 의한 능력으로 학력(인지능력)과 대조되는 용어이다. 학술연구에서 비인지 능력이 학력과 고용, 수입에 영향을 미치는 것으로 밝혀져 유아교육 분야에서 주목을 끌고 있다. 비인지 능력은 학력처럼 혼자 기를 수 있는 것과는 달리 집단행동 중 어려움과 실패, 좌절 등의 경험을 통해 길러지는 것이 많다. 또 인지능력에 의해 육성되는 읽기・쓰기・산술과 같은 능력이 아니라, 인간과의 관계를 통해 형성되는 협조성・공감성・자존감・자제력 등 사회성을 말하는 것이다. 일반적으로는 사회성이라고 불리는 협조성, 공감하는 힘, 배려, 사교성, 도덕성 등 사람과의 관계로 만들어지는 힘이다.
エドテック用語集非認知能力,
https://edtechzine.jp/glossary/detail/%E9%9D%9E%E8%AA%8D%E7%9F%A5%E8%83%BD%E5%8A%9B(검색일: 2021.10.20.)
20 汐見稔幸・武藤隆・磯部頼子(2017)「日本の幼児教育は、どうかわるのか」『これからの幼児教育』, ベネッセ教育総合研究所, pp.2-5.

시키는 특별한 방법이 없다. 타인과의 밀접한 관계를 통해 기본적인 신뢰감이 생기는 것이며 유아의 다양한 놀이를 통해 자연과 함께 길러지는 자질이다. 따라서 유아교육 담당자는 유아 스스로가 체험할 수 있는 환경을 설정하고 개개인의 성격이나 능력에 따라 놀이의 종류를 다양하게 제공하는 것이 비인지 능력을 키우는 방법이라고 할 수 있다. 그런데 자연과 함께 길러지는 자질로서의 비인지 능력 향상과 ICT 교육은 교육의 목적과 기능 면에서 서로 상충하는 교육이다. 따라서 비인지 능력 향상을 지향하는 상황에서의 ICT 교육정책은 사실상 시행에 어려움이 따르는 것이라고 할 수 있다.

둘째, 유아교육 담당자의 ICT 교육에 관한 이해 부족을 들 수 있다. 히로세 미에코(2021)[21]에 따르면, 유아교육에서의 ICT 활용은 향후 더욱 필요할 것이라고 하며 유아교육자는 ICT 활용에 관해 필요한 새로운 지식을 갖추어야 한다고 했다. 또 문부과학성의 실증연구보고서[22]에서도, ICT를 활용한 새로운 학습을 실현하기 위해서는 교원의 지도력을 향상시켜야 함을 강조하고 있다. 각 지역의 교육위원회를 비롯한 교육기관에서는 국가가 양성한 연수지도자의 활용이 요구되며, 대학 등과의 연계를 통해 ICT 활용 지도력 향상을 위해 수업 연구 등을 해야 한다는 견해를 제시하고 있다.

이에 관련한 구체적 상황에 대해 가즈키 아야카(珂月彩香)[23]에 따르

---

21 廣瀬 三枝子・藤村 裕一(2021), 전게서, p.156.
22 文部科学省(2014)「学びのイノベーション事業」, 実証研究報告書 第8章, p.321.
23 珂月彩香(2019)「ICT教育促進を阻む壁—教育コンテンツ作成に見る問題の複雑さ—」『西山学苑研究紀要』第14号, 京都西山短期大学, pp.15-32.

면, 유치원에서는 유아들이 ICT를 직접 활용하기보다는 업무의 효율성을 위해 활용하려고 도입하는 것이 대부분이라고 했다. 즉 일본의 경우 유아교육 관련 교원의 감소와 외국인 유아의 증가로 교육 현장의 효율성을 위해 ICT 교육을 도입하고 있으나 그 효과는 좋지 않다는 것이다. 그리고 그 이유가 ICT 기기의 취급에 있어 어려움이 따르기 때문이라고 지적하고 있다. 예를 들면 유아교육 담당자들이 직접 콘텐츠를 만들고 동영상 활용법이나 웹페이지를 만들어야 하는데 기기를 능숙하게 다루는 기술이 부족하다고 말한다. 교원 양성과정의 수업에도 이러한 기술 습득을 위한 기회가 없기 때문에 교원이 사용방법을 배워야 한다고 강조한다. 이렇게 기기 조작의 불안이나 부정적인 인식으로 실제로 활용하기 어려운 것이다.

셋째, 보호자의 부정적 인식과 ICT 교육에 대한 이해의 부족을 들 수 있다. 가쓰미 게이코(勝見慶子) 외(2019)[24]는, 앞으로 유아교육 현장에서의 교육 도구로서 ICT 기기 활용이 확대될 것이라고 언급하며 이러한 상황에서 보호자의 동의와 이해가 필요하다고 말한다. 보호자 자신이 ICT 기기에 대한 올바른 지식을 가져야 하며 가정에서의 이용방법에 대해서도 높은 관심을 가질 필요가 있다는 것이다. 나아가 ICT 기기가 유아에게 미치는 영향에 대해 다양한 관점에서 생각해보고, 지속적인 정보교육의 실천과 검토가 요구된다고 했다.

---

24 勝見慶子 · 田村隆宏 · 藤村裕一(2019), 전게서, p.8.

가즈키 아야카(2019) 또한, 보호자의 ICT 기기 취급에 대해 어려움이 따른다고 지적했다. 보호자가 ICT 교육을 TV나 게임과 동일시 하여 정서 교육에 악영향을 미치는 것이 아닌지 염려하고 있다는 것이다. 또 ICT 기기 사용의 복잡함으로 인해 이해하기 어렵다는 이유로 ICT 교육의 도입을 반대하는 경향을 나타낸다고 하였다.

이와 같이 유아교육에서 ICT 활용을 통한 교육정책을 시행하는 데에는 여러 가지 어려움이 수반되고 있으며 이로 인해 정책 시행의 진전이 순조롭지 못한 상황이라고 할 수 있다.

4. 유아의 ICT 교육 재고

4.1 교육정책의 변화

지금까지 살펴본 바에 의하면 일본의 현행 유치원교육요령에는 유아 개개인의 이해를 바탕으로 한 교육의 중요성을 제시하고 있으며, 놀이나 생활이 교육의 중심이 되고 자연환경을 통한 교육이 중요시되고 있다. 유아교육을 실천하는 교육 현장에는 교과목이 없고 교과서가 없으며 구체적인 시간표도 없다. 따라서 유아교육 담당자는 유아를 충분히 파악하는 것으로 교육환경을 계획하거나 구성하고 이를 실천으로 옮긴다. 이렇게 유아에 대한 파악을 전제로 유아의 모습을 관찰하여 커리큘럼을 만든다. 유아와의 상호작용을 통해 함께 커리큘럼을 만들고 개발하는 실천이 유아교육을 질적으로 향상시키고 지속적으로 유지시킬 수 있다고 명시하고 있다. 건강·인간관계·환경·언어·표현이라는 5개 영역을 중심으로 자유로운 자연·놀이·체험·관계를 통한 교육을 시행해 왔다.

한편, 지금까지 일본 유아교육 기관에서의 ICT는 교원이나 보호자가 실천 기록의 작성 내지는 검토나 평가를 중심으로 활용해왔다. 오늘날 각종 기술개발의 발전으로 인해 교육 실천 현장에서의 ICT 활용은 더 넓은 범위에서 적극적으로 추진되고 있다. 출석 확인이나 일상 기록은 물론 보호자에게 통신이나 교육 상황 등을 전달하기 위해 ICT를 도입하고 있는 유치원이 증가하고 있는 것이다. 또한 전술한 바와 같이 유아교육 현장에서는 유아에 대한 이해는 물론, 유아의 성장과 일상적 행동에 대한 감지(sensing)를 필요로 하고 있다. 이에 따라 문부과학성에서는 2019년 고베대학(国立大学法人神戸大学)에 '유아교육의 교육과제에 대응한 지도 방법 충실을 위한 조사연구'를 위탁하였다. 이에 ICT 및 첨단기술의 활용 등을 통한 유아교육 내실화의 기본방향에 관한 조사연구로서 2020년 「위치 측정 데이터를 활용한 유아의 성장 및 교육 심화와 교사의 성찰, 가정과의 연계 충실을 위한 ICT 활용방법에 관한 조사연구」[25]가 보고되었다. 이 보고서에 따르면, 유치원 내에서 교원이 ICT를 활용한 데이터 자료로 유아의 행동을 객관적으로 파악하여 다양한 문

---

25 北野幸子(2021)「ICTや先端技術の活用などを通じた幼児教育の充実の在り方に関する調査研究—位置測位データを活用した個々の幼児の育ちと学びの理解の深化と、教師の省察、家庭との連携の充実につながるICTの活用方法に関する調査研究—」, 国立大学法人神戸大学, pp.1-64.

제해결은 물론 향후의 연차계획 자료로도 활용할 수 있다는 연구 성과를 보였다.

그밖에도 유아교육 실천에 있어서 교사가 순간적으로 민첩하게 주체적 판단을 내려야 하는 상황이 빈번하므로 이때 ICT의 활용으로 객관적인 데이터에 의해 그 판단을 도울 수 있다. 따라서 교사가 언제든지 쉽게 접근할 수 있는 ICT 활용방법을 연구하여 교육 실천의 성찰과 평가 및 개선을 도모해야 함이 강조되고 있다.

이렇게 일본의 유아교육 정책은 전술한 바와 같이 기본적으로 인간을 비롯한 자연 친화적 환경에서의 놀이와 체험을 중심에 두고 있다. 그러나 여기에 더하여 ICT 교육을 추진하려는 것이다. 이러한 교육정책의 변화는 오늘날의 시대 상황적 요구에 의해서라고 할 수 있다. 일본 사회는 물론이고 전 지구적 팬데믹 현상이 진행중인 현재, 사회적 거리 두기도 벌써 2년 넘게 지속되고 있다. 대면 활동에 제한이 따르는 현 상황에서 교육을 위한 새로운 공간 창출 또한 필요하고, 물리적인 공간 개념에서 벗어나 ICT를 활용한 추상적·가상적 공간도 필요한 상황에 놓여있다. 따라서 자연스럽게 유아도 ICT 환경에 노출될 수 밖에 없는 환경에 처하게 되었다.

그러나 이렇게 이중적 교육정책을 추진하고 있는 상황에서 새로운 교육시스템으로의 전환에 대한 찬반의 논란은 유아교육의 정책적 분야만이 아니다. 교육 및 교육 관련 연구자들과 유아교육 담당자를 비롯한 보호자들에게 혼란을 가중시키고 있다.

이렇게 혼란스러운 상황에서 가장 염려스러운 것은 교육수혜자, 즉 유아들이다. 물론 그 누구도 유아의 입장을 대변하기는 어렵겠

156

지만 유아들의 입장은 어떠한가에 대해 생각해 볼 필요가 있다.

4.2 유아교육과 서벌턴

여기에서는 일본 유아교육 정책의 교육수혜자인 유아의 입장을 서벌턴(Subaltern) 개념으로 접근해 보고자 한다.

서벌턴이란 사회적 약자로서 권력의 구조로부터 사회적·정치적·경제적·문화적으로 배제되고 억압당하는 사람들을 가리키는 용어이다. 서벌턴/서벌터니티(Subaltern/Subalternity) 연구는 안토니오 그람시(Antonio Gramsci)를 출발로 하여 가야트리 스피박(Gayatri. C. Spivak)에 이르기까지 시대와 상황에 따라 다양한 프리즘으로 투영해왔다. '하층민' 또는 '하위 주체'를 의미하는 서벌턴은 지배 계급의 헤게모니에 종속된 사회집단으로, 또 포스트 식민사회에 대한 과제로, 그리고 이미 객관화·주체화된 서벌턴은 주체로 호명되고 있더라도 '주체 효과(subject-effect)'일 뿐이라는 논리로, 이렇듯 여러 명제를 만들어왔다.[26]

가야트리 스피박은 '서벌턴은 말할 수있는가'를 통해 서벌턴 자신은 그 어떤 상황도 표현할 수 없으며 서벌턴의 입장을 누군가가

---

26 그러나 오늘날 급변하는 사회구조와 양상 속에서 과연 기존의 서벌턴/서벌터니티 개념을 현재에 그대로 적용할 수 있는가. 적용 가능하다고 하더라도 과연 바람직한가. 또 현재적 상황에서 서벌턴/서벌터니티의 주체로 삼을 수 있는 대상은 누구이며 어떠한 상황인가. 이러한 의문을 풀어가기 위해 서벌턴/서벌터니티의 개념을 재고하여 새롭게 정리하고 말할 수 없는(없었던) 서벌턴/서벌터니티를 찾아내는 것이 서벌턴 연구자들의 향후 과제라고 할 수 있다.

대변한다고 해도 대변인의 언어와 표현으로 하기 때문에 서벌턴 자체를 왜곡하거나 제대로 알지 못한다고 했다.[27] 스피박의 논리로 보면 서벌턴은 스스로 말할 수 없기 때문에 침묵하고 있다는 것인데, 여기에서 그 침묵을 읽어내는 것이 서벌턴을 '말할 수 없는'에서 '말할 수 있는'으로 만드는 하나의 방법이 될 수 있을 것이다.

교육의 수혜자이면서도 교육선택권이 없는 유아의 입장에서 볼 때 현 교육정책의 전환은 유아를 '말할 수 없는' 서벌턴으로 만드는 것이 아닌가. 유아가 ICT 기기에 노출되는 상황으로부터 발생하는 신체적·정신적 악영향은 전술한바와 같다. 그럼에도 불구하고 시대 조류에 따라 교육정책이라는 명분하에 인위적으로 ICT 기기에 노출시키고 있다. 더구나 가정에서 유아의 ICT 기기 노출은 이미 일상화되어있다고 해도 과언이 아니기 때문에 그것만으로도 이미 ICT 기기에의 노출은 위험수위를 넘고 있다. 따라서 교육기관에서만큼 이라도 ICT 기기 노출을 최소한으로 해야 할 필요가 있으므로 유아들의 ICT 교육은 재고할 필요가 있다.

더구나 유아가 ICT 기기에 노출되어있는 상황을 보면 유아 자신에게 ICT 활용이 필요해서라기보다는 보호자의 편리를 위해 이용하고 있다는 것을 알 수 있다. 영유아가 ICT 기기에 노출되어있는 상황에 대한 조사를 살펴보면[28],

---

27 로절린드 C. 모리스, 가야트리 차크라보르티 스피박 외(2013)『서발턴은 말할 수 있는가』, 그린비, pp.42-139.
28 勝見慶子·田村隆宏·藤村裕一(2019), 전게서, 인용, p.2.

"0~5세의 44.7%가 일주일에 2~3회 이상 ICT 기기를 이용하고 있으며, 보호자의 41.6%가 병원이나 레스토랑 등에서 유아를 조용히 기다리게 하고 싶을 때 ICT 기기를 이용하도록 하는 빈도가 '자주있다' 내지는 '가끔있다'고 대답했다. 또 보호자의 48.4%가 가정 내에서의 ICT 기기를 이용하고 있다고 응답하였고, 84.8%의 보호자가 유아에게 ICT 기기 사용법을 가르치는 것에 대해「아직 이르다」라고 회답하고 있다."

라는 연구결과가 나타났다. 병원이나 레스토랑 등에서 유아를 조용히 기다리게 할 때뿐만 아니라, '아동이 미디어를 사용하는 장면'[29]에 관한 조사를 보면, '자동차나 전철 등으로 이동할 때, 외출할 때, 식사할 때, 잠자리에 들 때, 가사 일로 바쁠 때, 아이가 소란을 피울 때, 아이가 사용하고 싶다고 할 때, 아이가 약속을 지켰을 때 보상으로'라고 조사되었다.

한국 사회에서도 예외는 아니다. 유아에게 스마트폰을 보여주는 상황이 '공공장소에서 자녀를 통제하기 위해서'라고 대답한 것이 48.6%, 부모의 활동시간(가사, 대인관계 등)을 확보하기 위해서가 28.6%, 자녀의 교육/학습의 수단으로 12.8%, 식사/재우기 등 양육의 보조수단으로 8.4%, 자녀가 떼를 쓸 때 1.5%로 나타났다.[30]

29 「第2回 乳幼児の親子のメディア活用調査」, ベネッセ.
https://blog.benesse.ne.jp/bh/ja/news/20171016release.pdf(검색일: 2021.11.10.)
30 과학기술정보통신부 한국진흥정보사회진흥원(2021) 「2021년 스마트폰 과의존 실태조사 보고서」, 통계조사, p.11.
https://www.nia.or.kr/site/nia_kor/ex/bbs/View.do?cbIdx=65914&bcIdx=24288&parentSeq=24288(검색일: 2022.01.10.).

이렇게 ICT 이용 상황이 자녀의 교육이나 학습의 수단으로 자녀를 위한 것이라기보다는 보호자의 편리를 위해서 이용하고 있다. 객관적 조사에서 ICT 기기에 노출된 영유아는 신체적 정신적 건강과 발달에 악영향을 미친다는 결과를 보였다. 또 바람직한 인격 형성을 기대하기 어려운 관계로 휴머니티를 상실할 위기에 처해있음을 확인하였다. 그럼에도 불구하고 영유아는 ICT 기기에 노출되고 있으며 문부과학성에서는 이에 대한 강화를 추진하고 있다. 영유아는 교육의 선택권이 없고, 말할 수 없어 자기표현을 할 수 없다. 이러한 입장이고 상황이라는 점으로 볼 때 ICT 기기에 노출되는 영유아는 서벌턴과 다름 아니라고 할 수 있다.

5. 맺음말

일본은 유아교육에서 자연과 인간과의 관계를 통한 인격 형성을 강조해왔다. 그러나 최근 시대 상황적 요구에 따라 ICT 교육을 추진하며 교육정책에 변화를 보이고 있다. 영유아기의 ICT 교육은 영유아 발달의 특성상 바람직한 휴머니티 형성을 기대하기 어렵다. 더구나 영유아의 ICT 이용 상황이 유아를 위한 교육이나 학습의 수단으로 활용한다기보다는 보호자의 편리를 위해 이용되고 있다.

유아교육 실천에 있어서 유아의 주체성을 존중해야 한다는 것은 명백한 사실이다. 그러나 교육의 직접적 수혜자라고 할 수 있는 영유아에게는 교육의 양과 질 또는 방법과 우열순위를 결정하는 등의 교육 선택권이 주어지지 않는다.

교육의 선택권이 없는 영유아의 입장을 고려하지 않는다면 영유아를 현 사회의 서벌턴으로 치부하는 결과를 초래하게 된다. ICT 교육이야말로 유아들의 선택 영역이 아니었음에도 불구하고 마치 유아들이 필요로 하는 교육영역으로 간주하고 있는 것은 아닌지 재고해볼 필요가 있다.

| 관련 웹 사이트 및 코퍼스 |

매일경제용어사전,
　　　https://terms.naver.com/entry.nhn?docId=16490&cid=43659&catego
　　　ryId(검색일: 2020.09.10.)
한국진흥정보사회진흥원,
　　　https://www.nia.or.kr/site/nia_kor/ex/bbs/View.do?cbIdx=65914&bc
　　　Idx=24288&parentSeq=24288(검색일:2022.01.20.)
트렌드지식사전, https://100.daum.net/encyclopedia/view/54XX34300076(검
　　　색일: 2020.09.25.)
文部科学省, https://www.mext.go.jp/result_js.htm?q=ICT(검색일: 2020.09.01.)
内閣府, https://www8.cao.go.jp/youth/youth-harm/chousa/r02/jittai-html/2_
　　　3_1.html(검색일: 2021.12.10.)
文部科学省幼稚園教育要領,
　　　https://www.mext.go.jp/a_menu/shotou/new-cs/youryou/you/index.htm
　　　(검색일: 2020.12.20.)
幼児教育・保育の無償化について, 内閣廳,
　　　https://www8.cao.go.jp/shoushi/shinseido/musyouka/about/index.html
　　　(검색일: 2022.01.10.)
文部科学省国立教育政策研究所令和2年度教育改革国際シンポジウム,
　　　https://www.nier.go.jp/06_jigyou/symposium/sympo_r02_02/(검색일:
　　　2021.10.20.)
文部科学省「学びのイノベーション事業」, 実証研究報告書,
　　　https://www.mext.go.jp/b_menu/shingi/chousa/shougai/030/toushin/
　　　1346504.htm(검색일: 2021.10.20.)
総務省, https://www.soumu.go.jp/main_content/000161791.pdf(검색일:2020.
　　　11.20.)
エドテック用語集,非認知能力,
　　　https://edtechzine.jp/glossary/detail/%E9%9D%9E%E8%AA%8D%
　　　E7%9F%A5%E8%83%BD%E5%8A%9B(검색일: 2021.12.20.)
ベネッセ第2回乳幼児の親子のメディア活用調査,
　　　https://blog.benesse.ne.jp/bh/ja/news/20171016release.pdf(검색일:
　　　2021.11.10.)

| 참고문헌 |

과학기술정보통신부 한국진흥정보사회진흥원(2021) 「2021년 스마트폰 과의
존 실태조사 보고서」, 통계조사, pp.34-35.

로절린드 C. 모리스, 가야트리 차크라보르티 스피박 외(2013) 『서발턴은 말할
수 있는가』, 그린비, pp.42-139.

위양미(2018) 「유아의 스마트폰 과의존이 아버지 양육태도에 미치는 영향」, 남
부대학교 교육대학원 유아교육전공 석사학위논문, p.2.

珂月彩香(2019) 「ICT教育促進を阻む壁— 教育コンテンツ作成に見る問題の複雑さ」
『西山学苑研究紀要』第14号, 京都西山短期大学, pp.15-32.

勝見慶子・田村隆宏・藤村裕一(2019) 「幼児のICT機器利用に関する保護者の認
識に及ぼす教育効果」Vol.25, No2, 教育メディア研究, p.1.

北野幸子(2021) 「ICT や先端技術の活用などを通じた幼児教育の充実の在り方に関
する調査研究—位置測位データを活用した個々の幼児の育ちと学びの理解の
深化と, 教師の省察, 家庭との連携の充実につながるICT の活用方法に関する
調査研究—」, 国立大学法人神戸大学, pp.1-64.

汐見稔幸・武藤隆・磯部頼子(2017) 「日本の幼児教育は, どうかわるのか」『これか
らの幼児教育』, ベネッセ教育総合研究所, pp.2-5.

津田敏(2020) 「園児のデジタルデバイス使用から考える ICT 活用教育の一考察」『姫
路日ノ本大学紀要』第42集, 姫路日ノ本短期大学, pp.7-22.

廣瀬 三枝子・藤村 裕一(2021) 「幼児期の直接的な体験を補完・促進・充実させる
ICT 活用教育の在り方」『日本教育工学会研究報告集』巻2号, 日本教育工
学会, pp.152-157.

丸山幸三(2017) 「幼児教育におけるICT活用について—ワークショップ実践から見え
てきた情報教育のあり方」『豊岡短期大学論集』No.14, 豊岡短期大学, pp.
103-112.

트랜스내셔널 서벌턴의
'주체화'에 관한 고찰
오키나와의 조선인 일본군 위안부 배봉기의
사례를 중심으로

이 권 희

1. 머리말

한국 사회에서 일본군 위안부 문제가 본격적으로 정치, 외교, 사회 문제로 부상하기 시작한 것은 1991년 8월 14일 고 김학순 할머니(1924~1997, 이하 김학순이라 함)가 일본군 위안부 피해를 증언한 이후이다.[1] 같은 해 12월 6일 김학순은 도쿄지방재판소에 최초의 위안

---

1 한일 양국에서 위안부 문제가 제기되었던 건 훨씬 이전부터이다. 한국에서는 해방 직후부터 각종 언론을 통해 식민 지배 피해 시절 전쟁에 강제 동원된 군인, 군부, 그리고 정신대의 범주 안에 일본군 위안부도 포함시켜 그 피해를 고발해 왔으나 여성지에서 취급하는 성의 문제를 포함한 사적인 가십처럼 취급되어 크게 세간의 이목을 끌지는 못했다. 한혜인, 박용구·고케쓰 아쓰시 편(2020 「고

부 피해보상 소송을 청구하였고 이를 계기로 일본군 위안부 문제는 한일 두 나라 외교의 중요한 현안이 되었다.

감학순의 증언은 그때까지 일본군 위안부 문제를 비롯하여 다양한 여성 인권 문제를 제기해 오던 한국 내 37개 여성단체가 연합하여 1990년 11월 16일에 결성한 한국정신대문제대책협의회(韓國挺身隊問題對策協議會, 이하 '정대협'으로 약칭함)의 활동에 방향성을 제시해주었다. 정대협은 김학순의 커밍아웃을 계기로 일본군 위안부 문제를 사회 이슈화하며 일본 정부에 사죄와 배상을 요구하는 활동을 전개하기 시작했다. 피해자 신고 전화를 통해서 피해자들이 속속 나타났고 정대협은 피해자 지원을 위한 구체적 활동을 시작하였다. 그 결과 1993년 6월 '일제하일본군위안부에 대한 생활안정지원법'[2] 제정을 이끌어냈고, 피해자들에 대한 정대협 자체 지원 활동과 진상 규명 활동을 통해 그간 역사의 어두운 그늘 속에 묻혀 있던 일본군 위안부의 존재와 그 피해상을 세상에 알리고 국제 사회의 이해와 공조를 이끌어냈다.[3]

착의 '역사', 진행하는 '피해' 두 국가의 일본군 '위안부'의 역사를 다루는 방법」 『일본군 '위안부' 문제의 무시효성』, 소명출판, pp.146-152 참조.

2 현재 「일제하 일본군위안부 피해자에 대한 생활안정지원 및 기념사업 등에 관한 법률」.

3 정대협은 1992년의 아시아연대회의의 활동, 1991년 9월 유엔의 인권위원회·인권소위원회·여성차별철폐위원회와 국제법률가협회·국제노동기구(ILO) 전문가위원회 등 인권 관련 국제기구와 세계인권대회·세계여성대회 등의 국제 연대활동을 통해 일본군 위안부 문제가 단순한 과거의 문제가 아니라 지금도 세계 곳곳에서 일어나고 있는 성폭력 문제의 하나임을 알리고, 세계의 여성단체와 더불어 일본 정부를 압박하였다. 그 결과 유엔 인권위원회와 인권소위원회에서 쿠마라스와미 및 맥두걸 등의 보고서가 채택되었으며, 2000년에는 일본군 성노예 전범 여성 국제법정' 등을 개최하기도 하였다.

지금까지 한일 양국의 일본군 위안부에 관한 연구는 여성학계를 중심으로 전시 성폭력, 성노예, 여성 인권 등의 관점에서 진행되어 왔다.[4] 특히 1980년대 여성운동의 흐름 속에서 시작된 한국의 위안부 연구는 2000년대에 들어서 정대협 주도의 반일 민족주의적 색채가 강한 '운동'과 연계하여 제국주의, 식민주의, 민족, 계급, 젠더(섹슈얼리티)라고 하는 복합적, 중층적 구조로 확대되어 갔다.[5] 그리고 '국가'와 '민족'을 강하게 의식하는 위안부들을 둘러싼 주류 담론의 형성 과정에서 위안부 개개인의 서사는 선택적으로 확대되고 재생산되거나 혹은 의도적으로 도외시되거나 배제되었다.[6] 그 대표적인 사례가 오키나와의 '조선인 일본군 위안부' 배봉기(1914~1991)였다.[7]

---

4 위안부라는 용어는 피해 여성들이 가해자인 일본군에게 성적 위안을 줬다는 의미를 갖고 있기 때문에 피해 여성들의 인권을 전혀 고려하지 않고, 또 위안부 문제의 핵심인 군대에 의한 성폭력 문제를 은폐할 수 있는 용어라는 지적이 있다. 뿐만 아니라 이 용어에는 남성(군인) 중심주의와 여성에 대한 차별이 나타나 있다. 이에 유엔인권소위원회 특별보고관의 보고서에서는 '일본군의 성노예'라는 용어를 사용하고 있는데, 이 용어는 일본군에게 강간당한 피해 여성의 실상을 묘사하는 데 더 적절할 수 있으나 '노예'라는 용어에 대한 위안부 당사자들의 반발도 있다. 현재 동아시아 사회에서는 '일본군 위안부'라는 용어가 상용되고 있는 한편, '성노예'라는 용어는 오늘날 국제 사회에서 보다 일반적으로 사용되고 있다. 그러나 위안부이든 성노예이든 어느 것도 피해 여성들의 명예와 인권을 지키는 용어라고 할 수 없다.
5 양현아(2001) 「「증언과 역사쓰기: 한국인 군 위안부의 주체성 재현」『사회와 역사』제60권.; 야마시타 영애 지음, 박은미 옮김(2012) 『내셔널리즘의 틈새에서 위안부 문제를 보는 또 하나의 시각』, 한울.; 박유하(2013) 『제국의 위안부』, 뿌리와이파리.; 정진성(2016) 『일본군 성노예제: 일본군 위안부 문제의 실상과 그 해결을 위한 운동』, 서울대학교출판문화원 등.
6 '정대협' 발족 과정과 '운동'의 공과에 대해서는 전게 졸고(2020) 「일본군 위안부의 '주체화'에 관한 고찰」『日本思想』제38호, 한국일본사상사학회에서 자세히 언급하였다. 참조 바람.
7 일본군 위안부로 오키나와에 끌려온 조선인 여성은 군 자료에 의하면 1천 명 정

1975년 오키나와에서 자신이 일본군 위안부였음을 처음으로 공
식 증언한 배봉기에 관한 연구는 1990년대를 거쳐 2000년대에 들
어서도 거의 전무하다시피 했다. 그러던 것이 2010년대에 들어 조
금씩 관심을 끌기 시작했는데, 임경화는 전후 오키나와를 둘러싼
냉전의 역학관계 속에서 미국과 일본, 그리고 1970년대의 한국과
북한의 체제 대결 속에서 배봉기를 비롯한 재일조선인들의 존재가
어떻게 가시화 혹은 불가시화되었는지를 밝혔다.[8] 송연옥·김귀옥
또한『식민주의, 전쟁, 군 '위안부'』를 통해 위안부 문제에 대한 미
국의 관여를 심도 있게 논하고 있다.[9] 김미혜는 오키나와의 위안부
들을 둘러싼 남북 지원단체의 대립이 식민지 지배 및 분단의 유산
임을 역설한다.[10] 오세종은 일본 근현대사에서 주변화된 오키나와
의 역사와, 거기에서 또 비가시화된 조선인 위안부 배봉기의 삶을
조명했다.[11]

이들 일련의 연구가 그동안 위안부 연구의 대상에서 소외되었던
오키나와의 위안부들의 실태를 조사하고, 이들의 존재가 한국 사
회의 관심 밖에 있었던 이유를 냉전이 한창이었던 1970년대의 국

도로 추정되나 공식기록은 전무하다. 오세종 지음, 손지연 옮김(2019)『오키나
와와 조선의 틈새에서: 조선인의 '가시화/불가시화'를 둘러싼 역사와 담론』, 소
명출판, p.46.
8 임경화(2015)「오키나와의 아리랑:미군정기 오키나와의 잔류 조선인들과 남
북한」『대동문화연구』제89집.
9 송연옥·김귀옥(2017)『식민주의, 전쟁, 군 '위안부'』, 선인.
10 김미혜(2017)「오키나와의 조선인: 배봉기 씨의 '자기증명'의 이중적 의미를
중심으로」, 이정은·조경희 편,『'나'를 증명하기:아시아에서의 국적·여권·
등록』, 한울엠플러스.
11 오세종, 앞의 책.

제 정세와 미국, 그리고 미국 중심의 세계 질서 속에서 남북의 체제
와 이념 대결에 원인이 있었음을 밝혔다는 점에서 의의를 인정할
수 있을 것이다. 그러나 논의의 중심이 위안부의 개인 서사보다는
주로 이들을 둘러싼 정치적 역학관계에 놓여 있다는 것, 그리고 식
민주의, 민족, 계급, 젠더 등과 같은 기존의 연구의 흐름에서 크게
벗어나지 않고 있다는 것을 지적하지 않을 수 없다.

　이에 본고에서는 일본 내 '조선인 일본군 위안부' 배봉기를 대상
으로 종래의 정치적 역학관계나 '국가'와 '민족'을 중시하는 한국 내
주류 담론의 흐름에 함몰됨 없이, 트랜스내셔널 서벌턴으로서의 조
선인 위안부 배봉기라는 한 개인의 삶에 초점을 맞춰 지금까지 경시
되었던 일본 사회 속 조선인 일본군 위안부 피해자의 주체화 과정에
대해서 그 가능성과 한계를 고찰해 보고자 한다. 이를 통해 일본 사
회의 트랜스내셔널 서벌턴의 '예속성(Subalternity)'을 이해하고, 그들
의 행위와 역사를 공적 주체자로 자리매김할 수 있는 가능성을 모
색해 보고자 한다.

2. 조선인 일본군 위안부의 '서벌터니티(Subalternity)'

　주지하다시피 일본군 위안소는 1931년부터 1945년까지, 이른바
'15년 전쟁' 중에 군부의 요구에 의해 일본군이 주둔하는 지역에
설치되었다. 당시 정부의 내부 문서에 따르면 위안소를 설치한 이
유로서는 일본군이 주둔하는 지역의 주민에 대한 일본군 병사에

의한 강간 및 기타 위법행위의 결과 반일감정이 조성되는 것을 막고, 성병 및 기타 질병에 의한 사기 저하 및 스파이 활동을 막기 위함이라 하고 있지만, 위안소는 한마디로 일본군 병사의 성욕 처리를 위해 설치된 시설이었다. 그리고 그곳에서 일본군 병사의 성적 행위의 상대자가 된 여성을 말한다.

일본군 위안소의 역사는 1932년의 이른바 '상해사변' 당시 현지에 주둔했던 병사를 위해 설치한 것을 시작으로 전장의 확대에 따라 위안소의 설치 지역과 시설도 확대되어 갔다. 위안부는 일본인을 비롯하여 조선인, 타이완인, 중국인, 필리핀인, 인도네시아인, 네덜란드인 등도 포함하는, 일본의 식민지 혹은 일본군이 점령한 지역의 여성들이었다. 위안부들은 대부분이 가혹한 환경에서 군의 관리와 감시를 받으며 병사들의 '위안'을 강요당했고 전쟁의 참화로 인해 목숨을 잃는 경우도 있었다. 일본의 패전으로 운 좋게 살아남았다 하더라도 현지에 버려지거나 혹은 고향으로 돌아왔다 하더라도 위안부 생활을 강요당했던 자신의 과거를 치욕스럽게 여겨 이를 숨기고 고통스러운 여생을 보내야만 했다. 즉, 오랜 세월 사회로부터 침묵을 강요당하고 잊혀진 존재로서 살아갈 수밖에 없었다. 이 점에 대해서는 후술하겠다.

한국 사회의 일본군 위안부 문제는 식민지 지배(제국주의와 민족)와 가난(계급, 서벌턴), 그리고 가부장제의 모순(여성 인권) 등이 혼재해 있는 중층적이면서도 복잡한 문제이다. 이 장에서는 일본군 위안부의 서벌터니티라는 관점에서 그들을 둘러싼 다양한 담론을 중심으로 서벌턴으로서의 위안부 문제를 생각해 보고자 한다. 그러기 위해서는 먼저 일본군 위안부 제도의 연원을 파악할 필요가 있다.

일본군 위안부 제도의 뿌리는 '가라유키상'이다.[12] 근대 이후 제국주의의 확산과 함께 국가 세력의 확장 욕망에 개인의 욕망을 투영해 해외로 이동하는 남성들이 많았다. 남성들의 이동에 따라 이들의 또 다른 욕망을 해소해줄 여성들의 이동도 많아졌다. 일본의 경우 해외로 진출한 일본인들을 따라 원정 매춘을 하던 여성들이 있었는데 이들을 '가라유키' 또는 '가라유키상'이라고 한다. 이들은 농어촌의 가난한 집안 출신들이 대부분이었으며 지역적으로는 규슈의 나가사키 및 구마모토 지역 출신이 많았다. 이들은 부모에 의해 팔려 가거나 '제겐(女衒)'이라는 알선업자의 취업 사기 혹은 인신매매로 인해 강제로 해외로 보내진 경우가 많았다.

이 가라유키상은 1920년 불법화되면서 폐지되었지만 자국 여성들을 해외에 성노예로 팔아넘기고 관리한 경험을 바탕으로 일본 정부는 이민족인 조선인, 중국인, 동남아인 등이 포함된 일본군 위안부를 만들어 관리했던 것이다. 즉, 가라유키상의 연장선상에 있는 일본군 위안부는 기본적으로 근대일본의 제국주의 정책에 따른 국가의 정치적·경제적 세력 확장에 따라 식민지·전장·점령지가 된 지역으로 이동한, 혹은 이동당한 여성들이었다. 당연히 국가를 위해 해외로 나간 자국의 남성들을 '위안'하기 위한 위안부였기에 그 대상은 기본적으로는 일본인 여성이었다. 그리고 식민지 조선과 타이완의 여성들이, 그다음에 점령지 여성들이 애국과 '위안'

---

12 '唐行きさん'. 가라(唐)는 중국 당나라와 무역을 하면서 파생된 말로 '외국'을 뜻하며, 가라유키상이란 말의 문자적 의미는 '해외로 나간 사람들'이란 뜻이다.

을 강요당하며 그러한 구조 속으로 들어가게 된다.

돈벌이를 위해 해외로 진출한 남성들과 군인들의 '위안'을 위한 업태를 일찍부터 존재했지만 일본군이 관리하는 '위안소' '위안부' 라는 이름은 1930년대에 정착한 것으로 보인다. 그러나 1930년대 에 들어 일본군이 처음 위안부 제도를 발상해내고 위안소를 만들 어냈다기보다는 이미 존재했던 '위안' 시스템을 군인들을 위한 위 안부 제도로 구조화했다고 봐야 할 것이다.

지금까지 발견된 군문서 중에 위안부 동원방식을 구체적으로 설 명해주는 것은 한 건도 없다.[13] 식민지 조선에서 일본군 위안부로 동원된 여성들은 처음에는 매춘업에 종사하던 여성이었다.[14] 이어 서 가난한 집 딸들이 취업 사기, 인신매매, 혹은 강제로 끌려갔다. 원래부터 매춘업에 종사했던 여성들 이외에는 거의 대부분이 취업 사기, 감언, 강압 등 본인의 의사에 반하는 방법에 의해 위안부가 되었다. 사기, 폭행, 협박, 권력 남용, 기타 일절의 강제 수단에 의한 동원을 강제연행이라고 한다면 조선인 일본군 위안부의 거의 대부 분이 강제연행의 범주에 들어간다.[15]

---

13 조선인이 일본군 위안부로 동원된 경위에 대해서는 위안부 할머니들의 증언집 (한국정신대문제대책위원회·한국정신대연구소 편(1993)『증언집1 강제로 끌려간 조선인 군위안부들』, 한울)을 참조 바람.

14 디지털기념관 위안부 문제와 아시아 여성기금「위안부가 된 여성들-한국」, https://www.awf.or.jp/1/korea.html.

15 한국정신대문제대책위원회·한국정신대연구소 편, 앞의 책, p.19.

〈표1〉 조선인 위안부 출신지

	서울	경기	충남	충북	전남	전북	경남	경북	함남	일본	만주	북경
출신지	1	1	1		1	2	6	5	1	1		
연행지	3				2	1	5	3	1	2	1	1

〈표2〉 조선인 위안부 피해자 학력

학력	무학	야학	소학교 중퇴	소학교 졸	중학교 이상	계
피해자 수	11	5	18	4	3	41

〈표3〉 시기별 연행방식

연행방식 ＼ 연행시기	1932~1936	1937~1939	1940~1941	1942~1943	1944~1945	계
취업사기	9	24	21	16	12	82
협박 및 폭력	7	12	20	20	3	62
인신매매		4				4
유괴·납치		2	1	2		5
근로정신대					6	6
근로정신대 도망					2	2
공출, 봉사대, 근로대, 기타		3	3	5	3	14

<표1>은 정신대연구소(1990년 결성)가 1992년 7월부터 한국정신대문제대책협의회(이하 정대협이라 약칭함)에 신고된 전 위안부들을 대상으로 조사한 결과를 표로 만든 것이다. 1992년 12월 당시 파악했던 생존 위안부는 55명이었다. 그중 19명의 증언이『증언집1 강제

로 끌려간 조선인 군위안부들』에 실려 있다. 이 증언집에 따르면, 조선인 위안부들은 대부분 극히 소규모의 자작 농가나 소작농 집안이나 농촌의 상점에서 잡역 등을 하는 부모 밑에서 태어났다. 다소의 경작지를 소유한 비교적 형편이 좋았던 2명을 제외하고 대부분은 매우 가난한 가정이었다. 위안부로 연행되기 전 식모살이를 한 사람이 5명, 공장에 다니거나 친척 집에 더부살이를 한 경우, 나쁜 환경을 견디지 못해서 가출을 한 경우, 부모에 의해 팔린 경우 등 이들의 상황은 몹시 비참했다.

  <표2>와 <표3>은 위의 1992년 정신대연구소의 조사결과와, 조사 이후 1993년 12월 시점에서 생활지원금의 수혜를 위해 보건복지부에 신고한 피해자 170여 명의 증언 내용을 더한 통계자료이다.[16] <표2>를 보면 학력 또한 전반적으로 매우 낮은 수준으로 전혀 교육을 받지 못한 사람이 11명, 교회 등에서 운영하는 야학에서 공부를 한 경험이 있는 사람이 5명, 보통학교를 다닌 적이 있는 사람이 22명인데 졸업을 한 사람은 4명에 불과하다. 그리고 중학교 이상의 학력을 갖고 있던 사람이 3명으로 이는 당시 조선 전체의 학력과 큰 차이가 있는 것은 아니었다.

  1992년의 조사에 의하면 귀환 후에는 위안부였다는 자격지심, 위안부 생활에서 얻은 병, 주의의 사시(斜視) 등으로 정상적인 결혼생활을 하지 못했다고 한다. 19명 중 6명이 결혼을 했는데 그중 5

---

16 2016년 현재 모두 238명이 피해자 신고와 정부 심의를 거쳐 한국 정부에 위안부 피해자로 등록되어 있다. 이 중 약 73.5%의 피해자가 1993년에 피해 신고를 한 셈이다. <표2>와 <표3>은 정진성(2016)『일본군 성노예제』, 서울대학교출판문화원, p.71, p.77 소수의 것을 인용.

명은 재취였고, 6명 모두가 결국 결혼에 실패했다. 5명은 전혀 결혼을 하지 않았고, 1992년 현재 2명만이 자신이 낳은 자식과 동거를 하고 있으며 1명은 수양아들과, 다른 한 명은 데려다 기른 손주와 함께 살고 있고 나머지 15명은 모두 혼자 살고 있다. 경제적으로도 건강 면에서도 매우 곤란한 생활을 하고 있다고 한다.[17] 물론 1993년 이후 이들의 생활은 정부와 지원단체의 원호 등에 의해 다소 나아지기는 했지만 금전적인 지원 이외에 무엇이 크게 달라졌을까 하는 생각이다.

그녀들은 태생도, 유년의 삶도, 청년의 삶도, 노년의 삶도 그야말로 비참했다. 조선이라는 전통적 가부장적 사회에서 가난한 집 여성으로 태어난다는 것 자체가 비극이었다. 어려서부터 남의 집 식모살이를 하거나 민며느리로 보내져 식모와 같은 처지에 처해지거나, 근처 공장에 다니며 노동을 하거나, 사정이 조금 나은 친척집으로 보내져 더부살이를 하거나, 가난을 견디지 못해 가출을 하는 등 그녀들의 삶은 그야말로 비참했다. 이러한 삶에서 벗어나고자, 혹은 취업 사기꾼의 감언에 속아, 심지어 부모에 의해 팔려 일본군 위안부가 된 그녀들의 비참한 삶은 서벌턴의 삶 그 자체였다.

따라서 일본 사회 속 트랜스내셔널 서벌턴으로서의 조선인 일본군 위안부 문제는 제국주의와 식민지, 가난과 계급, 그리고 가부장제 사회와 여성 인권이라는 위안부 보편의 문제임과 동시에 일본 사회의 소외된 마이너리티로서 트랜스 내셔널 서벌턴의 '예속성

---

17 한국정신대문제대책위원회·한국정신대연구소 편, 위의 책, p.17.

(Subalternity)'을 어떻게 이해하며 그들의 역사를 어떠한 방식으로 공적 주체자로 복원시킬 수 있는가를 추급하는 문제이다. 그리고 1945년 패전 이후 오키나와에 버려진 조선인 일본군 위안부 배봉기는 이러한 문제점들을 적나라하게 보여준다.

3. '트랜스내셔널 서벌턴' 배봉기

3.1 가난한 농촌의 둘째 딸

배봉기 할머니(1914~1991, 이하 배봉기라 함)는 아시아태평양 전쟁이 종전을 향해 치달고 있던 1944년 한반도에서 오키나와현 도카시키섬(渡嘉敷島)으로 끌려와 일본군 위안부 생활을 강요당했던 조선인 일본군 위안부이다. 배봉기는 1945년 일본의 패전 이후에도 계속해서 오키나와에서 생활을 하다가 1991년 10월 18일 나하(那覇) 시내 아파트에서 숨을 거둔 채 발견되었다. 향년 77세였다. 배봉기의 49재가 열린 1991년 12월 6일은 공교롭게도 김학순 할머니가 도쿄지방재판소에 위안부 피해자로서는 처음으로 위안부 피해보상 소송을 청구한 날이기도 하다. 이 장에서는 한반도 출신 일본군 위안부들 가운데 자신이 위안부 피해자였음을 처음 밝힌 일본 사회 속 트랜스내셔널 서벌턴 배봉기의 고단한 삶의 궤적을 가와다 후미코(川田文子)의 '일본군 위안부가 된 한국 여성 이야기'라는 부제가 붙은 르포 소설 『빨간 기와집』(원제: 『赤瓦の家—朝鮮から来た従軍慰安婦』, 筑摩

書房, 1987)의 내용을 중심으로 추적해 보기로 한다.

배봉기는 1914년 9월 충청남도 예산군 신례원리의 가난한 농가에서 태어났다. 위로 언니가 있었고 아래로 두 살 터울의 남동생이 있는 3남매 중 둘째였다. 배봉기의 소녀 시절은 6살 때의 기억으로 시작한다. 두 살 위의 언니는 이미 남의집살이를 하고 있었다. 아버지는 농가에서 머슴살이를 하고 있었기 때문에 같이 산 기억이 없다. 이따금 밤에 자식을 보러 오기도 했지만 바로 고용주의 집으로 돌아갔다. 어머니는 지긋지긋한 가난에서 오는 뒤틀린 감정을 큰딸에 대한 포악질로 풀곤 했는데 결국에는 철도 노동일을 하던 외간남자와 눈이 맞아 집을 나갔다.

"어릴 때도 쓸쓸하다거나 뭐 그런 건 몰랐어요. 그저 먹을 것이 그리웠지. 배고프다, 무섭다. 그런 생각만 했으니까."[18]

『빨간 가와집』에 등장하는 배봉기의 첫 말이다. 가와다 후미코는 배봉기의 구술을 중심으로 그녀의 삶을 처음부터 끝까지 르포형식으로 다루었다. 직접 도카시키섬과 그 주변 여러 섬을 찾아가 생존해 있던 배봉기와 조선인 위안부를 기억하는 사람들을 찾아내 인터뷰를 하고, 배봉기와 함께 도카시키섬으로 온 조선인 위안부 7명의 모습을 입체적으로 묘사하고 추적한다. 물론 배봉기에 관한 이야기가 압도적으로 많다. 가와다가 만난 다양한 사람들의 증언이

---

18 가다와 후미코 지음, 오근영 옮김(2014)『빨간 기와집』, 꿈교출판사, pp.22-23.

기억에만 의존하다 보니 사실과 다른 기억의 한계를 관계자들의 교차 증언과 다양한 군 기록의 조합(照合)을 통해 보완하며 진실에 다가가고자 했다.

일곱 살이 된 배봉기는 친가에 맡겨지고 남동생 또한 어딘가에 맡겨졌다. 친가에는 할아버지와 숙부네 식구 4명이 살았는데 이곳 또한 소작농뿐인 가난한 농가였다. 숙모는 봉기를 눈엣가시처럼 여겨 밥도 제대로 주지 않았다. 사촌 오빠들도 숙모와 마찬가지로 돌을 던지기도 하면서 갈 곳 없는 봉기를 구박했다. 그러던 중 숙모가 셋째 아이를 낳다 난산으로 죽게 되고 봉기는 다른 집에 민며느리로 보내졌다. 가난한 집 여자아이들은 어릴 때 여유 있는 집에 보냈다가 혼기가 차면 그 집 아들과 결혼시키는 풍속이 있었다. 민며느리라고 불리는 그런 딸은 애보개가 되거나 잔심부름을 하며 예비 시부모의 일을 도왔다. 결혼 적령기의 아들이 없어도 민며느리를 집에 들여 친척 중 누군가에게 시집을 보내는 경우도 있었다. 딸을 보내는 부모는 입 하나를 덜게 되고, 민며느리를 들이는 집에서는 의식주만 해결해주면 공짜 노동력을 얻고 어릴 때부터 집안 풍습에 길들여 가풍에 맞는 며느리로 키울 수 있었다.

7살 때 처음 남의 집에 맡겨진 배봉기는 주인의 마음에 들지 않는다는 이유로 며칠 만에 퇴짜를 맞고 돌아왔다. 그리고 다시 다른 농가로 보내졌다. 이곳에서도 반년도 지나지 않아 거절을 당했다. 아버지는 불같이 화를 냈다. 그리고는 아버지가 머슴을 사는 곳 주인의 주선으로 다른 집으로 보내졌고 거기서 또 거절당하고 다시금 아버지한테 보내졌다. 아버지는 또 불같이 화를 내고 다시금 봉기를 숙부 집으로 보냈다. 그러자 할아버지는 아버지보다 더 노발 대발하며 봉기를 마구 때렸다. 울음소리를 듣고 달려온 이웃 사람이 보다 못해 할아버지를 말릴 정도였다.

그리고 9살이 된 봉기는 다시금 아버지의 고용주의 주선으로 제갈이라는 성을 가진 집으로 보내졌다. 이때부터 약 9년 동안 17살에 결혼을 할 때까지 제갈 씨 집에서 일을 했다. 거기서 애보개 일과 여러 가지 집안일을 도왔다. 봉기는 집안일이 서툴렀고 좋아하지도 않았다. 그리고 늘 배가 고팠다. 그래서 자주 음식을 훔쳐먹었다. 『빨간 가와집』 속 배봉기의 구술에는 유년 시절에도, 성인이 되어서도, 위안부로 도카시키로 보내져 위안부 생활을 하는 동안에도, 전쟁의 참화 속에서도 배가 고팠다는 말과 함께 유난히도 먹을 것에 대해 이야기하는 장면이 많이 나온다.

> "설이나 추석 같은 때는 맛있는 별식이 많았어요. 음식을 만든 날은 주지만 이튿날을 아무것도 없어요. 부엌을 둘러봐도 없는 거예요. 꽤 많이 있었는데 어딘가에 숨겼구나 하고, 몰래 뒤져서라도 꺼내 먹곤 했어요."[19]

어떤 때는 벼베기를 도와주러 오는 사람들을 위해 미리 만들어 놓은 고깃국을 변소에 가는 척하고 고기만 몽땅 건져 먹어 버린 적도 있다.

---

19 가다와 후미코 지음, 오근영 옮김, 앞의 책, pp.34-35.

"아침에 그걸 보고 누구 소행인지 알았을 테지만 아무 말도 안 했어요. 기가 막혔던 거지요. 그리고 항상 이런 식으로 말했어요. '저 아이 배는 소보다 클거야.' 어려서 철이 없어 그랬겠지만 보이는 곳에 놓아두면 그렇게까지는 하지 않았을 텐데, 자꾸 여기저기 감추니까요. 그런 건 일부러 더 훔쳐 먹었어요. 배가 고프니까 훔쳐서라도 먹은 거지요."[20]

봉기는 14살 무렵부터 근처에 있던 일본인 집으로 일을 도와주러 가곤 했다. 다나카의 집에 가면 세 끼를 마음껏 먹을 수 있었다. 게다가 3시가 되면 간식까지 주었다. 난생처음 먹어보는 일본 음식은 꿀맛이 따로 없었다.

그리고 17살이 되던 해 이웃집 선애 어미의 주선으로 결혼을 했다. 상대는 창촌이라는 벽촌의 서른 넘은 박씨 성을 가진 남자였는데 이름은 기억하지 못한다. 혼담이 마무리되자 남편은 돈을 벌어오겠다고 어딘가로 떠났고 6개월 후 무일푼으로 돌아왔다. 그리곤 어디론가 다시 떠났다. 어느 한구석도 야무진 데라곤 없는 한심한 사내였다. 1년이 넘어도 돌아오질 않았다. 아주버님 식구들 틈에서 눈칫밥을 먹으며 답답한 생활을 견디는 봉기를 이웃에서 부잣집 첩 노릇을 하던 친구가 마을을 떠나자고 꼬드겼다. 친구와 함께 집을 나선 봉기는 서산에서 가까운 한 마을의 노부부가 운영하는 여관에서 하룻밤을 묵었다. 그런데 거기에서 친구가 그 집 늙은 주인

---

20 가다와 후미코 지음, 오근영 옮김 앞의 책, pp.36-37.

의 첩이 되었다. 여관의 늙은 부부에게는 아들이 없었고 아들을 갖고 싶어 젊은 여자를 첩으로 들인 것이다. 봉기는 이튿날 그 여관 노부부의 주선으로 근처 농가의 셋째 아들과 살림을 차리게 되었다. 상대는 봉기의 아버지와 같은 계층의 남자였는데 이 사람 역시 야무진 데라고는 없는 한심한 사내였다. 봉기는 19세 때 결혼생활에 스스로 마침표를 찍고 충청남도의 마을을 떠났다.

그러고는 배경이 갑자기 흥남으로 바뀐다. 서산 근처 마을을 떠나 흥남으로 오기까지의 행적에 대해 봉기는 아무런 이야기도 하지 않고 얼버무린다. 객지를 전전하며 고된 일로 연명하며 차마 말 못할 상처를 20대 무렵 겪었을 것이라 추측할 뿐이다.

> "큰 선착장이 있었어요. 큰 배를 타고 나가 고기를 잔뜩 잡아 오곤 했지요. 그리고 생선 눈깔을 빼는 거예요. 농한기에는 이런 일을 하러 가는 거지요. 생선 대가리를 떼고 쭉 매달아 말려요. 생선 눈깔이라는 게 먹어보니까 맛이 기가 막히더라고요."[21]

1943년 늦가을, 봉기 나이 29세 때 흥남에서 낯선 남자가 봉기에게 말을 걸어왔다. '여자 소개꾼'이라 불리며 주로 군인과 손을 잡고 젊은 처녀에게 직업을 알선하는 자들이었다. '여자 소개꾼'은 일본인 남자와 한국 남자 두 사람이었다. 이들은 군인들의 식사 시중과 빨래를 하거나 간호사로 일할 거라는 감언으로 배봉기를 꼬드겼다.

---

21 가다와 후미코 지음, 오근영 옮김, 앞의 책, pp.49-50.

"여자 소개꾼의 말은 그럴싸했어요. '일하지 않고 돈을 벌 수 있는 곳이 있는데 가 보지 않을래?' 이러는 거에요, '일하지 않고 어떻게 돈을 벌어요? 누가 돈을 주는데요?' '일단 가면 벌어, 옷도 필요 없으니까 이불도 버리고 가. 더운 곳이라 그쪽 사람들은 벌거벗고 산다고. 과일도 지천이야. 파인애플, 바나나는 산에 가서 나무 밑에 누워 입을 벌리고 있으면 저절로 떨어진다고.' 게다가 '나무 위에 집을 짓고 살지.' 이런 말도 하고. 그래서 나는 '나무 위에 집을 지으면 시원하겠네.' 했어요. '아무튼 돈을 벌 수 있어. 너 혼자 그 돈 어떻게 할래?' 그러더군요. 솔깃했지요. 그런 돈이 있으면 어떻게 할까 하고 이것저것 생각하니까 밥이 목구멍으로 안 넘어갈 정도였어요."[22]

배봉기는 '소개꾼'을 따라 젊은 아가씨들과 함께 흥남을 떠났다. 경성 근교에 잠시 머물다 부산으로 가 한 달 남짓을 지낸 후 일본의 모지(門司), 시모노세키에서 가고시마(鹿児島)로, 그리고 가고시마에서 5,500톤 급 징용 수송선 미라이호를 타고 오키나와로 향했다.

"배가 출발하는 날 아침은 팥밥을 했어. 먹음직스러운 팥밥이었지만 뱃멀미 때문에 여자들은 모두 머리띠를 질끈 동여매고 누워 있었지. 난 그다지 심하지 않았는데도 머리가 아프고 속이 울렁거려 밥을 못 먹었어요. 지금 생각해도 아까운 팥밥이었어요. 팥밥이 얼마나 맛있는데, 그걸 먹지도 못하고 죄다 바다에 버렸다니까요."[23]

---

22 위의 책, p.52.
23 위의 책, p.68.

3.2 오키나와의 '조센삐' '조센삐과'

51명의 여자들과 함께 배봉기가 오키나와 나하(那覇)에 도착한 것은 위안부 모집에 응한 지 1년이나 지난 1944년 11월이었다.

〈표4〉 연행되어 간 곳[24]

연행되어 간 곳	조선	일본	대만	만주	중국	남아시아	남양군도	계
피해자 수	1	20	12	15	27	8	7	89

당시 나하는 미군의 이른바 '10 · 10 공습'으로 폐허가 되어 있었다. 봉기와 함께 도착한 여성들은 도카시키 섬, 자마 섬, 아카 섬 등 게라마 군도의 세 섬과 나하, 다이토 군도로 보내졌다. 게라마의 세 섬에는 각각 7명, 나하에 20명, 다이토 군도에 나머지 10명이 배치되었다. 봉기는 다른 조선인 여성 6명과 함께 게라마 군도에서 가장 큰 섬인 도카시키섬(渡嘉敷島)으로 배치되었다.

"도카시키에 도착해 영업을 시작하기 전에는 작은 초가집에 있었어요. 밥은 군용 양동이에 가득 담아서 갖다 주더군요. '너희가 예뻐서 밥을 이렇게 많이 가지고 왔단다.' 이러더라구요. 일곱 명이 다 먹지도 못할 정도로 충분한 양이었어요."

---

24 정진성, 앞의 책, p.75.

봉기 일행은 얼마 후 '빨간 기와집'이라 불린 일본군 위안소로 옮겨졌고, 여기서 봉기는 아키코라는 가명으로 일본군을 상대하는 위안부 생활을 강요당했다. 다른 6명도 기쿠마루, 하루코, 스즈란, 가즈코, 밋짱, 아이코 등으로 이름이 바뀌었다. 오키나와 본토인들은 이들을 '조센삐' '조센삐과'라 불렀다. 고향에서 멀리 도카시키까지 끌려오는 도중에 든 모든 경비가 빚이 되어 여자들이 그대로 떠안았다. 봉기는 여자 소개꾼에게 선불금을 빌리지 않았지만 선불금을 받은 여자들은 원금에 비싼 이자까지 가산된다. 하루하루의 벌이는 빚과 비싼 이자로 나갈 뿐이고 여자들이 실제로 손에 쥐는 돈은 장병이 기분에 따라 주는 팁밖에 없었다.

> "군인들은 어린애 같아요. 재미있는 면도 있었어요. 다들 입구에서 기다리는데, 귀대할 시간이 다가오면 시간이 없잖아요. 이럴 때는 군인 둘이서 가위바위보를 해요. 이긴 사람이 먼저 들어가고 진 사람이 뒤로 밀리는 거지요 (중략) 다른 군인들이 입구에 잔뜩 줄을 서 있으니까. 허리도 아프고, 거긴 더 아파요......"[25]

1945년 설날 봉기를 포함한 7명의 위안부는 오키나와 전통주 아와모리를 마시고 취해 같이 꺼이꺼이 울었다. 그러나 봉기는 울지 않았다. 남기고 온 자식을 그리워하고 부모 형제가 그리워서 우는 다른 여자들을 바라보면서 허전한 마음을 술로 달랬다. 이후 오키

---

25 가와다 후미코 지음, 오근영 옮김, 앞의 책, p.85.

나와는 전화에 휩싸인다. 당연히 위안소는 폐쇄되었다. 공습이 치열한 낮에는 울창한 숲속 나무 밑에 몸을 숨겼다가 밤이 되면 마을 근처까지 내려가 계곡물로 목을 축이고 밭을 헤집어 손가락만 한 고구마를 캐서 겨우 배고픔을 면했다.

> "닷새 동안 아무것도 못 먹어서 배가 무척 고팠어요. 스즈란이 갖고 있다가 조금씩 나눠준 흑설탕과 그걸 핥아먹으면서 그나마 허기를 달래는 정도였지요."[26]

미군의 공습에 목숨을 잃은 위안부도 있었지만 234고지 계곡에 몸을 숨긴 도카시키의 위안부들은 굶주림과 싸우며 근근히 목숨을 부지하다 패전 직전에 미군에 투항해 목숨을 보전할 수 있었다. 배봉기는 미군 포로수용소에 수감되었다. 이후 민간인 수용소인 이시카와 수용소에서 수감 생활을 하다 자유의 몸이 되어 여기저기에서 식모살이도 하고 술집 작부 생활을 하며 다시 매춘을 하기도 했다. 그러고는 나고에서 고자로, 이케나로 가데나로, 요미탄으로 정처 없이 오키나와의 환락가를 떠돌아다녔다.

1945년 8월 15일 일본의 패전과 함께 강제로 혹은 다른 식으로 오키나와로 끌려온 조선인들은 대부분 해방된 고국으로 돌아갔다. 배봉기는 한국으로 가는 귀환선 출발일도 아예 모른 채 동포들로부터 소외되어 초토화된 땅에서 아무도 믿지 않고 어디에도 머물

---

26 위의 책, p.104.

지 않았다. 오키나와의 술집을 전전하며 매춘을 하며 살아갔다. 그
리고 술집을 전전하는 데도 지친 봉기는 몇 번인가 다른 일도 해보
기도 했다. 식료품점에서도 일해 보고, 나하에서는 채소 장사, 떡
장사, 빈 병 수집도 했다. 떡 장사로도 돈을 벌지 못했다.

"이런 젠장! 몽땅 먹어 버리자. 다 먹고 죽게 되면 죽지 뭐."[27]

그리고 다시 술집을 전전했다. 봉기는 40대 무렵부터 이따금 식
당의 설거지나 요정의 세탁, 술집의 허드렛일 등 월급을 받는 일을
한 적도 있다. 그러나 많은 경우 정기적인 수입이 없이 술집에 오는
손님과 거래해서 얻은 수입으로 버텨왔다. 봉기가 5,000, 6,000엔
이라는 적은 액수라도 월급을 받고 일할 수 있게 된 것은 오키나와
가 일본 땅으로 복귀하고 매춘 방지법이 적용되기 시작한 1972년
이후이다.

4. '트랜스내셔널 서벌턴'의 불가시화와 주체화

배봉기는 1975년 한반도 출신 여성들 가운데 자신이 일본군 위
안부 피해자였음을 밝힌 최초의 인물이다. 한국 사회에서 본격적
인 위안부 운동이 시작된 계기가 된 김학순의 첫 증언이 있었던 것

---

27 가와다 후미코 지음, 오근영 옮김, 앞의 책 p.134.

이 1991년이니까 그것보다 무려 16년이나 앞선 것이었다. 배봉기는 한국 언론이 아닌 <교도통신> 등 일본 언론을 통해 자신이 일본군 위안부 피해자였음을 밝혔다. 그러나 이 커밍아웃은 자의에 의한 것이 아니었다. 그 경위를 간단히 소개하면 다음과 같다.

주지하다시피, 오키나와는 아시아태평양 전쟁 당시 유일하게 일본 영토에서 지상전이 벌어졌던 곳이다. 1945년 패전 이후 일본 본토는 연합군의 점령하에 있었던 반면 오키나와는 1951년 샌프란시스코 강화조약에 의해 미국이 단독으로 신탁통치를 맡았다. 이는 오키나와가 전후 냉전의 구조 속에서 미국이 구상하는 세계 질서 전략에서 필리핀과 더불어 지리적으로 매우 중요한 군사적 요충지였기 때문이다. 미국의 신탁통치 하의 오키나와에서 조선인은 1954년 2월 공포된 미국 민정부 포령 제125호에 의해 '무국적자'가 된다.[28] 이렇게 배봉기는 '존재하는 자를 불가시화 하는 법적 포위망'[29] 안에서 조선인도, 한국인도, 일본인도 아닌 무국적자로서 술집 작부(매춘)나 허드렛일 등을 하며 오키나와의 여기저기를 떠돌며 고단한 삶을 이어갔다. 1965년 한일기본조약의 세부 조항으로 체결된 '일한법적지위협정'에도 불구하고 일본이면서 일본이 아니었던 오키나와에 살던 배봉기를 포함한 조선인들의 무국적은 해결되지 않았다.[30]

---

28 오세종 지음, 손지연 옮김(2019) 「일본 '본토'와 오키나와의 입국(역) 관리체제: 무국적자가 된 오키나와의 조선인」, 『오키나와와 조선의 틈새에서: 조선인의 '가시화/불가시화'를 둘러싼 역사와 담론』, 소명출판, pp.115-138에 그 경위가 자세히 나와 있다. 참고 바람.

29 오세종, 위의 책, p.138.

30 1965년의 한일기본조약을 통해 재일조선인들에게 협정영주권을 부여했지만 신청기한이 1966년 1월 17일부터 5년 동안(1966~1971)으로 제한되어 있었기

그리고 마침내 1972년 5월 15일 오키나와 시정이 일본에 반환되었다. 이에 따라 일본 정부는 오키나와 거주 조선인들에게 본토의 재일조선인들과 동등한 법적 지위를 부여한다는 방침하에 1945년 8월 15일 이전에 일본에 들어왔다는 것을 증명해줄 사람이 있거나 신병인수인이 있는 사람에 한해 '재류특별허가'를 내리기로 결정한다. 위의 조건에 부합하지 않는 조선인은 한국으로 강제 송환한다는 것이었다. 기한은 3년이었다. 1975년 10월 배봉기는 나하입국관리사무소에 재류특별허가를 신청했다. 당시 나이 60세였다.

배봉기는 정규교육을 받지 못한 탓에 일본어와 한국어 모두 읽고 쓰지 못했다. 서류를 내지 못해 강제 추방의 공포에 시달리던 배봉기는 1955년부터 10년간 일한 적이 있는 식당 '린카이(臨海)'의 주인 신조(新城) 부부에게 1944년 자신이 위안부로 오키나와에 와서 지금까지 살아왔다는 얘길 털어놓았고, 식당 주인은 이러한 사연을 담은 탄원서와 자신들이 신병인수인이 되겠다는 서약서를 나하입국관리사무소에 제출했다. 이에 일본 법무성은 한국 정부에 양해를 구한 후 그녀에게 '불행한 과거'를 고려한 특별재류허가를 부여했다.[31]

배봉기의 사연은 바로 일본 언론을 통해 기사화되었다. 「류큐신보(琉球新報)」「오키나와타임스」 등 오키나와 지역지는 물론이고, 「교도통신」의 발신에 의해 일본 전역의 미디어에서도 배봉기에게 관

때문에 1972년 일본으로 반환된 오키나와의 조선인들에게는 신청할 기화 조차 주어지지 않았다. 임경화(2015)「오키나와의 아리랑: 미군정기 오키나와의 잔류 조선인들과 남북한」『대동문화연구』제89집, p.554.

31 오세종, 앞의 책, p.265.

심을 보였다. 1975년 10월 22일 「고치신문」의 기사에서 배봉기는 "전쟁터에서의 '일'이 부끄러워 고국으로 돌아갈 수 없었다."고 말하고 있다. 서벌턴으로서의 조선인 일본군 위안부 배봉기가 공론의 장에서 처음 세상을 향해 '발화'한 것이다. 그러나 이 커밍아웃은 스스로의 선택의 결과가 아니었다.

　이후 배봉기는 떠올리기 싫은 과거의 아픈 기억들을 소환해야 했으며 각종 취재로 인해 현재의 일상 또한 본의 아니게 노출되었다. 다큐멘터리 영화 감독 야마타니 데쓰오(山谷哲夫)는 1977년부터 촬영을 개시해 1979년 <오키나와의 할머니>(원제: 沖縄のハルモニ 証言・從軍慰安婦)라는 다큐멘터리 영화를 완성하였고, 같은 해 이때 나눈 대화를 엮어 같은 제목의 단행본을 세상에 내놓았다(부제는 '대일본매춘사(大日本賣春史)'). 독립언론인 가와다 후미코는 본고에서 주된 텍스트로 인용한 『빨간 기와집』을 통해 오키나와의 트랜스내셔널 서벌턴 배봉기의 처절한 삶의 모습을 일본 사회에 알렸다. 배봉기의 일생은 그야말로 식민주의와 민족, 가난과 계급, 그리고 가부장제와 여성 인권, 젠더와 섹슈얼리티 등의 문제가 하나로 응축된 조선인 일본군 위안부의 역사임에 다름 아니었다.

　　"그러니까 미치는 거지. 노상 머리가 아파요. 칼로 목을 콱 찌르고 싶은 심정도 있어요, 정말. 눈이 빠지는 것처럼 머리가 아프고 신경통까지 견디다 못해 여기저기 파스를 붙이면서 가위로 목을 콱 찌르고 싶은 때도 있었어요. 그렇게 해서 바로 죽으면 다행이지만 그러지 못했다가는 점점 더 가련해지겠지요. 전쟁 때 총알 한 발로 죽었으면

이런 고생은 하지 않았을 텐데."[32]

　야마타니의 영화가 공개되자 한국 언론도 관심을 보였다. 1979
년 9월 21일 자 「동아일보」는 「日社會에 「艇身隊」 충격」이라는 제
목의 기사를 게재하고 영화 <오키나와의 할머니>의 내용을 소개
하며 야마타니의 인터뷰도 실었다.[33] 1979년 9월 29일 자 「경향신
문」도 「아키코로 變身한 주인공 "나는 大東亞전쟁희생자" "보아서
는 안 될 영화" 在日同胞, 얼굴 붉히며 떠나」라는 제목으로 영화에
대한 기사를 실었다. 그러나 한국의 매스컴에서는 영화가 전하고
자 했던 조선인 위안부 배봉기의 처절한 삶을 조명하고 사회 문제
화하기보다는 일회성의 사소한 이야깃거리로 취급하는 태도를 보
였다. 게다가 초대 정대협 회장을 지낸 윤정옥은 1981년도에도 「한
국일보」에 배봉기와의 만남에 대해 기사를 기고한 바 있지만 이때
도 한국 언론과 대중은 무관심했다.[34] 한국 정부의 반응 또한 냉담
했다. 나하 주재 대한민국영사관의 최공천 영사는 "처음 있는 케이
스로, 영사관에서는 본인의 호적만 확인한 상태이며, 그 다음 일은
듣지 못했다."고 말했다. 최 영사의 발언은 '발견'된 후에도 한국
정부가 관심을 갖지 않았음을 드러낸 것이다.[35] 서벌턴의 발화에
대한 청중의 부재이다.

32　가와다 후미코 지음, 오근영 옮김, 앞의 책, pp.138-139.
33　오세종, 앞의 책, p.270.
34　김현경(2021) 「냉전과 일본군 '위안부': 배봉기의 잊혀진 삶 그리고 주검을 둘
　　러싼 경합」 『한국여성학』 제37권 2호, 한국여성학회, p.220.
35　오세종, 앞의 책, p.271.

그것은 배봉기의 거주지가 한국이 아닌 오키나와였던데다가 1980년 말까지 한국의 군사정권은 일본에 대한 강제동원 피해자와 유족들의 배상·보상 요구를 강하게 억눌렀기 때문이다. 김학순의 용기 있는 증언이 나오게 된 것도 1987년 6월항쟁 이후 일제 피해자들이 자신들의 목소리를 낼 수 있는 사회적인 분위기가 형성된 뒤다.[36]

오키나와에 설치되었던 '위안소'에 대한 본격적인 조사가 이미 1970년대부터 시작되었지만 한국 정부는 배봉기의 존재를 확인하지는 못했던 것 같다.[37] 아니, 철저히 무관심했다. 한국 정부의 무관심은 1975년 커밍아웃 이후 1991년 사망하기까지 배봉기를 보살핀 이들이 재일본조선인총연합회(이하 조총련, 혹은 총련이라 약칭함) 오키나와현 본부에 소속되어 있던 김수섭·김현옥 부부였던 것과 무관하지 않다. 즉 남북분단과 대립이라는 정치적 상황이 배봉기를 은폐하고 묵살하는 결과를 낳았다. 그런 상황에서 배봉기, 더 나아가 오키나와의 조선인 위안부는 불가시화되었던 것이다.[38]

서벌턴은 발화수반행위의 좌절과 불능을 피하기 위한 나름의 전

---

36 길윤형, 위의 기사.
37 1972년 5월 오키나와가 일본에 반환된 뒤 조총련은 1972년 8월 15일 오키나와에서 이뤄진 조선인 강제동원의 진상을 규명하기 위한 '조선인 강제연행 진상조사단'을 만들어 활동했다. 그해 10월 조사단이 발표한 A4용지 60쪽 분량의 '진상조사 보고서'를 보면, 조선인 위안부와 관련해 "10월 10일 공습 무렵 일본군 어떤 부대의 사기 고무를 위해 위문 대원으로 보내졌다. 전쟁에 내팽개쳐진 이들은 말도 통하지 않고 지리도 모르는 전쟁터를 떠돌 뿐이었다."는 기술을 싣고 있지만 배봉기의 존재는 파악하지 못했다. 길윤형 특파원, '우리가 잊어버린 최초의 위안부 증언자 …… 그 이름, 배봉기' <한겨레신문> 2015년 8월 7일 자.
38 오세종, 앞의 책, p.272.

략을 구사하지만 서벌턴을 겹겹이 에워싼 지배 논리들은 그들의 발화가 이해될 수 있는 공간을 쉽게 허락하지 않는다. 배봉기의 사정이 알려진 후 남한이 보여준 무반응이 바로 이에 해당한다. 배봉기가 오키나와에 거주하고 있었고, 조총련과 깊은 관계를 맺고 었었다는 것이 한국 사회에서의 '불가시화' '발화'에 대한 무관심을 결정했다. 1975년 당시 미국이 주도하는 냉전 질서의 한 축을 담당하며 반공을 국시로 삼았던 한국 사회에서 북한의 지령을 받고 활동하는 조총련 인사들과 깊은 관계를 맺고 있던 배봉기의 존재 자체가 터부시되었을 것이다.

오키나와의 조선인 일본군 위안부 배봉기가 한국 사회에 본격적으로 알려지기 시작한 것은 2010년대 이후부터이다. 1987년 일본에서 출간된 『빨간 기와집』이 2014년이 되어서야 비로소 한국에서 번역 출판되었다. 앞에서 인용한 바 있는 '우리가 잊어버린 최초의 위안부 증언자 …… 그 이름, 배봉기'가 2015년 8월 7일 <한겨레신문>의 지면을 통해 토요판 커버스토리로 소개되었다. 그리고 야마타니 감독의 1979년 작 <오키나와의 할머니>가 2016년 한국에서는 무려 40년 만에 DMZ국제다큐영화제 초청작으로 공개되었다. 여기에 배봉기의 사후 유골을 둘러싼 민단과 조총련의 분쟁 과정을 영상에 담은 재일교포 박수남의 <침묵沈默>이 같은 해 DMZ국제다큐영화제와 서울국제여성영화제 초청을 받아 공개되었다.[39]

---

39 17세에 북만주의 위안소에 감금되었던 이옥선 할머니. 그녀는 전후 50년이 지난 1994년, 긴 침묵을 깨고 14명의 동료들과 함께 일본 정부에 사죄와 개인 보상을 요구했다. 할머니들은 3년간 여러 차례 일본을 방문해 일본군의 범죄를 증언하며 명예와 존엄 회복을 호소했다. 그 투쟁을 재일교포 2세의 여성 감독 박수

<침묵>은 '현생존강제군대위안부피해자대책위원회(現生存強制軍隊慰安婦被害者對策協議會)'가 1994년 5월부터 1996년 7월까지 8회에 걸쳐 무라야마담화의 후속 조치로서 1995년 설립된 '여성을 위한 아시아평화국민기금'을 통해 일본군 위안부들에게 위로금을 지급한다는 구상에 항의하기 위해서 한국에서 일본으로 건너갔을 때의 할머니들의 분투상을 그린 다큐멘터리 영화이다.

<침묵>보다 조금 앞선 박수남 감독이 만든 또 다른 다큐멘터리 영화 <아리랑의 노래: 오키나와로부터의 증언(アリランのうた : オキナワからの証言)>(1991)에서는 태평양전쟁 당시 오키나와에 강제로 동원된 조선인 생존자들의 생생한 목소리를 전하고 있다. 먼저 조선인 군부(軍夫) 생존자의 말이 나오고 이어서 일본군 병사, 일본군 장교, 오키나와 주민은 물론이고 속아서 잡혀 온 조선인 여성들의 증언이 이어진다. 그런데 오키나와에 있었던 위안소에 대해 오키나와 주민, 일본군, 조선인 군부, 위안부 당사자 여성들의 기억이 서로 다르다는 것, 우리가 흔히 '피해자'라는 이름으로 하나로 묶이리라 추측되는 조선인 군부와 위안부 당사자 조선인 여성이 증언하는 위안부의 모습이 불일치한다는 점은 인상적이다.

어떤 조선인 군부 생존자는 오키나와에 '위안부' 여성들이 있었다고 말하면서도 핍박받는 삶의 동질감을 언급하기 보다는 위안소

남이 동참해 그들의 한을 영상에 기록했다. 거기에 오키나와의 배봉기부터 1990년대 일본을 찾았던 할머니들까지. 피해자들의 고투를 함께했던 박수남의 밀착기록과 이옥선 씨의 삶을 전하고 있다. 박수남 감독은 1991년 <아리랑의 노래: 오키나와의 증언>(1991)을 통해 태평양전쟁 당시 오키나와에 군부(軍夫)와 위안부로 끌려갔던 이들의 목소리를 전했다. 이 다큐멘터리는 2022년 서울 국제여성영화제에서 다시 상영되었다.

에 자신도 찾아간 적이 있다고 증언한다. 이 남성의 말에 조선인이라는 동질감은 없다. 단지 성별에 대한 위계가 있을 뿐이다. 계속해서 산속에서 울고 있는 조선인 여성을 보고 안타까운 마음에 화가 났다는 다른 이의 증언이 이어진다.

서벌턴의 발화는 '공감적 청중'의 듣기가 있어야 비로소 의미를 갖고 유통될 수 있다.[40] 그런 의미에서 야마타니와 박수남의 타큐멘터리와 가와다 후미코의 논픽션 르포 소설 『빨간 기와집』은 비록 소수이기는 해도 서벌턴의 발화를 들어주는 청중이 생겨나고 배봉기의 증언이 한국 사회의 공적 기억으로 자리매김할 수 있는 계기가 되었다. 그리고 이를 통해 일본 사회 트랜스내셔널 서벌턴으로서의 조선인 일본군 위안부의 '주체화'의 가능성을 열어주었다. 서벌턴의 발화는 단순히 당사자가 보증하는 역사적인 사실의 기술 행위가 아니라, 과거의 삶이 현재 어떤 모양으로 이어지고 있는지를 드러내는 행위이다.

5. 맺음말

일본 사회의 트랜스내셔널 서벌턴 배봉기는 1975년 이전에는 자신이 오키나와로 끌려온 일본군 위안부였음을 드러내지 못했다. 1945년 패전 이전의 참혹했던 위안부로서의 삶도, 1945년 이후 미

---

40 김수진(2013) 「트라우마의 재현과 구술사:군위안부 증언의 아포리아」『여성학논집』제30집 1호, 이화여자대학교 한국여성연구원, p.66.

군 통치하에서의 서벌턴으로서의 삶에 대해서도 발화하지 못했다. 배봉기는 일본 사회에서 철저히 불가시화되었다. 1975년 본인의 의지와는 무관하게 자신이 일본군 위안부였다는 것을 증언하게 된 이후 일본 사회는 배봉기의 목소리에 관심을 가졌다. 그녀의 목소리를 제일 먼저 들어준 것은 식당 '린카이(臨海)'의 신조(新城) 부부였고, 그 다음이 재일 조선인 김수섭·김현옥 부부였으며, 그 다음이 야마타니 데쓰오였고, 그 다음이 가와다 후미코, 박수남이었다. 특히 야마타니와 박수남의 다큐멘터리 영화와 가와다의 르포 소설 『빨간 기와집』을 매개로 배봉기의 말에 귀 기울이는 청자가 생겨나게 되었고, 배봉기는 일본 사회에서의 공생의 가능성, 즉 주체화의 가능성을 발견하게 된다.

반면 한국 사회에서 일본군 위안부 문제는 오랫동안 개인적, 집합적 트라우마를 간직한 경험의 집적물로서, 생존자는 물론이고 한국 사회 전체가 이 트라우마적 역사를 잊고자 하는 망각에의 욕망을 가졌기에 그에 대한 집합적 기억과 발화가 억압되어왔다.[41] 거기에 1945년 이후 가속화되는 동서 냉전체제라는 세계 질서 속에 편입되어 반공을 국시로 하는 자유민주주의 체제하에서 남북이 이념적으로 첨예하게 대립하고 경쟁이 한창이었던 1970년대에 북(조총련)의 원조를 받는 배봉기의 목소리는 철저하게 외면당했다. 1990년대의 탈냉전 무드와 민주화 시대에 접어들어 김학순을 비롯해 많은 위안부 피해자들이 저마다 목소리를 높혀 정부와 국민

---

41 김수진, 앞의 논문, p.36.

들의 호응을 끌어냈지만 오키나와라는 나라 밖 피해자에게까지 관심을 보일 만큼 '운동'도 연구도 성숙하지 않았다. 한국 사회에서 배봉기의 발화에 관심을 갖게 된 것은 2000년대 이후이다.

아시아태평양전쟁 기간 동안 수많은 조선인 위안부들과 군부, 징용 피해자들이 일본 사회의 음지에서 참혹한 고통의 시간을 보냈다. 1945년 패전 이후 대부분의 조선인들이 해방된 고국으로 돌아왔지만 배봉기처럼 돌아오지 못한 사람들도 많았다. 그들은 대부분 일본 사회의 하층부에서 자신들의 삶에 대해 그 어떤 발화도 하지 못한 채 조용히 생을 마감했다. 이들의 삶과 트라우마적 경험을 직접 발화 또는 간접적인 재현을 통해 공적 기억의 장, 또는 담론의 장으로 끌어내어 듣고 재현하는 것, 즉 그들의 이야기가 공공의 기억으로 자리 잡을 때 비로소 트랜스내셔널 서벌턴의 주체화의 가능성이 열리고 이들의 넋은 위로받을 것이다.

스피박에게 서벌턴은 사회적 패권이 없는, 한 사회 안에서 비가시화되고 낙인 찍힌, 자기 언어를 갖지 못한, 들리지 않는, 주변화된 집단을 의미했다. 스피박은 이 집단을 탈식민지 시대 남부 아시아에서 발견했지만, 어느 시대, 어느 사회에도 서벌턴은 존재했다. '서벌턴은 말할 수 있는가?'라는 물음을 통해 스피박이 숙고하고자 했던 문제는 이 비가시화된, 패권이 없는 집단의 말을 듣기 위한 윤리, 즉 중층 결정된 언어 사이에서 말하거나 말하지 못하는 그들의 존재에 귀 기울이는 일이었다.[42]

---

42 김애령(2022)『듣기의 윤리』, 봄날의박씨, p.260.

서벌턴의 주체화는 스피박의 말을 빌리지면 이미 중층결정된 언어의 권력 안에서 이들의 존재에 귀 기울이고, 묻고, 이들을 위해 행동할 때 비로소 그 가능성을 찾을 수 있다. 서벌터니티의 직접 재현이든 간접 재현이든 상관없이 그들이 '말할 수 있는' 사회적 조건이 만들어지고, 재현 불가능성과 전달 불가능성을 제거해가는 것을 통해 서벌턴은 가시화되고 주체화을 통해 공생의 길로 나아갈 수 있다. 그런 의미에서 오키나와의 조선인 위안부 배봉기의 사례는 일본 사회의 트랜스내셔널 서벌턴의 주체화와 공생의 가능성을 보여주는 좋은 사례이다.

| 참고문헌 |

가다와 후미코 지음, 오근영 옮김(2014)『빨간 기와집』, 꿈교출판사, pp.22-23, pp.34-37, pp.49-50, p.52, p.68, p.85, p.104, p.134, pp.138-139.

김미혜(2017)「오키나와의 조선인: 배봉기 씨의 '자기증명'의 이중적 의미를 중심으로」, 이정은·조경희 편,『'나'를 증명하기:아시아에서의 국적·여권·등록』, 한울엠플러스.

김수진(2013)「트라우마의 재현과 구술사: 군위안부 증언의 아포리아」,『여성학논집』제30집 1호, 이화여자대학교 한국여성연구원, p,36, p.66.

김현경(2021)「냉전과 일본군 '위안부': 배봉기의 잊혀진 삶 그리고 주검을 둘러싼 경합」,『한국여성학』제37권 2호, 한국여성학회, p.218, p.220.

박유하(2013)『제국의 위안부』, 뿌리와이파리.

송연옥·김귀옥(2017)『식민주의, 전쟁, 군 '위안부'』, 선인.

야마시타 영애 지음, 박은미 옮김(2012)『내셔널리즘의 틈새에서 위안부 문제를 보는 또 하나의 시각』, 한울.

양현아(2001)「「증언과 역사쓰기: 한국인 군 위안부의 주체성 재현」,『사회와 역사』제60권, 한국사회사학회, pp.60-98.

오세종 지음, 손지연 옮김(2019)『오키나와와 조선의 틈새에서: 조선인의 '가시화/불가 시화'를 둘러싼 역사와 담론』, 소명출판, pp.115-138, p.265, p.270, p.271, p.272.

유재순(1998)『일본여자를 말한다』, 창해, p.50.

이권희(2020)「일본군 위안부의 '주체화'에 관한 고찰」,『日本思想』제38호, 한국일본사상사학회, pp.161-185.

임경화(2015)「오키나와의 아리랑: 미군정기 오키나와의 잔류 조선인들과 남북한」,『大東文化硏究』제89집, 성균관대학교 대동문화연구원, pp.547-584.

정진성(2016)『일본군 성노예제: 일본군 위안부 문제의 실상과 그 해결을 위한 운동』, 서울대학교출판문화원, p.71, p.77, p.75.

한국정신대문제대책위원회·한국정신대연구소 편(1993)『증언집1 강제로 끌려간 조선인 군위안부들』, 한울, p.17, p.19.

한혜인(2020)「고착의 '역사', 진행하는 '피해' 두 국가의 일본군 '위안부'의 역사를 다루는 방법」, 박용구·고케쓰 아쓰시 편,『일본군 '위안부' 문제의 무시효성』, 소명출판, pp.146-152.

福沢諭吉(1896)「人民の移住と出稼ぎ」『福沢諭吉全集』第15巻, 岩波出版, pp.362-364.

<한겨레신문> 길윤형 특파원, '우리가 잊어버린 최초의 위안부 증언자 ······ 그 이름, 배봉기' 2015년 8월 7일.
디지털기념관 위안부 문제와 아시아 여성기금「위안부가 된 여성들－한국」, https://www.awf.or.jp/1/korea.html(검색일: 20233.10.30.)

박수남(1991) 감독 <아리랑의 노래:오키나와의 증언>(원제: アリランのうたオキナワからの証言)
야마타니 데쓰오 감독(1979) <오키나와의 할머니> (원제: 沖縄のハルモニ　証言・従軍慰安婦)

제7장

〈서평〉

오세종의『오키나와와 조선의 틈새에서』를 통해 본 트랜스내셔널 서벌턴 고찰
식민지주의 위계질서 속 오키나와의 조선인

오 성 숙

1. 머리말

서벌턴은 고정적인 타자(他者)인가? 오키나와의 서벌턴을 살펴보면, 서벌턴의 유동적인 관계성, 즉 지배/ 피지배의 질서가 고정적이라는 믿음체계가 파괴되기도 하고 서벌턴 간의 위계질서가 유동적으로 변화되기도 하면서 얽히고설킨 복잡한 양상을 띠고 있음을 발견할 수 있다. 좀 더 구체적으로 말하면, 오키나와의 조선인이 그 예이다. 일제강점기와 미점령기, 그리고 전후라는 시대 속에서 오키나와에서 오키나와인과 조선인은 위계질서가 유동적인 트랜스내셔널 서벌턴이라고 할 수 있다. 유동적이긴 하지만 오키나와인

의 하위에 조선인이 위치하는, 오키나와 내 식민지주의 질서를 확인할 수 있다. 존재했음에도 불구하고 불가시화되었던 조선인이 희미하게 가시화된다. 존재했음을 역사화하는 작업, 즉 불가시화된 구조를 파헤쳐 선명하게 드러내는 작업이 서벌턴 연구라고 할 수 있다. 오세종의 저서 『오키나와와 조선의 틈새에서: 조선인의 '가시화/ 불가시화'를 둘러싼 역사와 담론(沖縄と朝鮮のはざまで：朝鮮人の「可視化/不可視化」をめぐる歴史と語り)』(明石書店, 2019)이 이에 해당한다. 본 저서는 일본과 동시에 한국에서도 번역 출판되었는데, 오키나와 연구자 손지연의 번역서 『오키나와와 조선의 틈새에서 : 조선인의 '가시화/ 불가시화'를 둘러싼 역사와 담론』(소명출판사, 2019)이 그것이다. 오세종이 재일조선인 3세, 그리고 류큐대학의 교수라는 정체성과 오키나와와 조선이라는 연구의 접점, 그리고 동아시아 연구의 틀이 각광 받는 상황에서 동시 출판이 가능했다고 볼 수 있다.

『오키나와와 조선의 틈새에서』는 오키나와전쟁부터 현재까지 통사적(通史的)으로 오키나와의 조선인을 조망한 것이다. 일본군과 미군의 문서, 류큐 경찰 자료 등 고찰하지 못한 한계에 대해 저자는 아쉬움을 나타낸다. 그럼에도 불구하고 조선인에 대한 척박한 기록과 자료 안에서 오키나와현사, 각 시정촌사(市町村史), 그리고 오키나와의 『류큐신보(琉球新報)』, 『오키나와타임스(沖縄タイムス)』와 한국의 『동아일보』, 『경향신문』 등의 자료를 사용하여 총체적으로 논의하고자 시도했다는 점에서 본 저서의 의의와 저자의 노고가 돋보인다. 『오키나와와 조선의 틈새에서』는 앞서 언급했듯이, 서벌턴 연구 영역에서 고찰할 수 있는 텍스트이다. 본 글은 서벌턴 연구의 관

점에서 트랜스내셔널 서벌턴이라고 명명할 수 있는 오키나와 조선인을 고찰할 것이다. 여기에서 트랜스내셔널 서벌턴이란 '제국-식민지', '일본-한국', '미국-오키나와', '미국-한국'이라는 경계에서 억압과 폭력에 침묵하거나 불가시화된 하위주체인 오키나와인, 오키나와의 조선인을 스피박의 개념을 차용하여 명명한 것이다. 왜냐하면 트랜스내셔널 서벌턴이라는 용어를 사용함으로써 제국주의와 가부장제 이데올로기의 공모, 특히 본 텍스트에서는 제국주의와 반공 이데올로기와의 공모 속에서 오키나와의 조선인에 대한 구조화된 서벌턴성이 더 잘 드러난다고 보기 때문이다. 더나아가 트랜스내셔널 서벌턴 간의 관계성, 즉 오키나와인과 오키나와의 조선인의 관계성에도 주목하여 고정적인 피해성을 넘어 유동적인 피해성과 가해성이 복잡하게 얽힌 구조도 확인하게 될 것이다.

따라서 본 텍스트 오세종의 『오키나와와 조선의 틈새에서』를 통해 오키나와의 조선인의 서벌턴성과 그 구조를 살펴보는 것으로 서평을 대신하고자 한다. 본 글의 텍스트 인용은 앞서 언급한 손지연의 번역서를 사용하였음을 밝힌다.

2. 오키나와전쟁과 조선인 '군부'

오키나와전쟁 당시 미군이 설치한 야카(屋嘉)수용소에 조선인 '군부'가 있었다. '군부'는 군속으로도 불렸는데, 군복 같은 옷을 입고 부대와 함께 움직이며 군에 소속되었지만 병사가 아니기에 무기를 지니지 않은, 잡역에 강제 동원된 육체노동자를 말한다. 1939년부터 1944년 79만 8,143명을 상회하는 조선인들이 노동자로 '내지(內地)' 일본으로 연행되었고, 오키나와에는 1만~1만 5천 명의 조선인이 끌려왔다(p.26-27)고 한다. 오키나와로 연행된 대부분 '군부'는 일제강점기에 먹고살기 위해 경상북도로 이주한 남성들이다. 오키나와전쟁을 기록한 김원영의 『조선인 군부의 오키나와 일기』에는 김원영이 자신의 번호 '다마(球) 8885'의 다마에서 류큐(琉球)를 연상하고 '사지(死地)'를 직감한 이야기가 수록되어 있다. '사지'에서 연상되듯, 조선인 '군부'들은 '삼등국민'이라는 인식 아래, 우마(牛馬) 취급에 중노동, 기아, 일본군의 폭력에 시달리는 노예노동자였다.

조선인을 동정하는 오키나와인도 존재했던 것으로 보이나, 조선인 '군부'에 대한 호의가 일본군에 의한 오키나와인과 조선인에 대한 폭력을 불러일으켰다. 이러한 공포 속에서 오키나와인과 조선인 사이에 "자신이 살아남기 위해 타자를 팔아넘기는 관계"가 생성(p.67)되었다. 오키나와인은 일본에서 생산한 '불결하고' '더럽고' '무서운' 조선인이라는 부정적 가치를 내면화하여 경멸하고 폭력을 휘두른다. 식민지주의 아래, 가해/피해의 구조가 발생하고 있었다. 오키나와인의 하위에 조선인이 자리매김하고 폭력을 정당화하는 식민지주의 아래 위계질서가 구축되고 있음을 확인할 수 있다. 미군의 오키나와 상륙작전에서는 '옥쇄작전'으로 일본군, 오키나와인, 조선인들이 미군의 총탄에 죽음을 맞는다. 하지만 총탄과 포탄이 날아드는 전쟁 한가운데서 조선인은 자재와 탄약을 운반하

는 작업으로 '죽음에 더 가까운 장소에 배치되어 50~60명'(p.38)이
떼죽음을 당했다. 일본군/ 오키나와인/ 조선인이라는 서열을 만들
고 조선인이 최하위에 위치하는 식으로, 식민지주의 위계질서가
죽음의 순간에도 작동하고 있었음을 알 수 있다.

3. 오키나와전쟁과 조선인 '위안부'

1975년 '위안부'였다는 사실을 일본에서 처음 밝힌 "배봉기(1914~
1991)는 일본인과 조선인 두 명의 남자 '여급 중개인'에게서 가만히
있어도 바나나가 입안으로 굴러들어온다는 둥, 돈을 벌 수 있다는
둥의 꼬임에 빠져 오키나와로 끌려왔다"(p.45)고 한다. 이렇게 1941년
부터 조선인 여성 1천 명이 '위안부'로 오키나와에 있었다고 추정
된다. '위안부'들은 부대와 함께 이동하거나, 새로 도착한 군대에
위양(委讓)되면서 '군이 자유롭게 양도 가능한 물건', 위안소에 갇힌
노예에 지나지 않았다. 오키나와에 상륙한 야마부대(山部隊)의 「내무
규정 야마 제3475부대」에는 병사와 하사관, 장교의 위안소 사용 시
간이 고지되었다. 그 부칙에는 '영업부(營業婦)의 공유 관념', '점유
관념'이라는 용어를 사용하고, 영업을 위한 '매춘부'로 '위안부'를
규정하고 있다. '그녀들'은 "몸을 잘못 간수하여 봉공을 못하는 일
이 절대 없도록 만사에 세심히 주의"(p.50)하며 공평한 최대의 봉공
이라는 일본에 대한 애국심을 요구받는다.

한편, '위안소' 설치를 둘러싸고 일본 본토에서 '황토(皇土)'를 더

럽힌다는 이유로 설치를 반대했는데, 오키나와에서도 지역의 풍기문란을 이유로 반대하였다. 하지만 오키나와 여성들을 일본군의 폭행으로부터 보호한다는 명분이 설득력을 얻으면서 어쩔 수 없이 받아들이게 된다. 오키나와의 본섬과 낙도(離島)에 140여 곳의 위안소가 설치된다. 결국, '위안소'를 경계로 오키나와 여성과 조선인 여성이 '보호받는 자/ 못 받는 자'로 구분되고, '성폭력이 봉쇄된 곳/ 허용된 곳'으로, 위안소는 인권 유린의 폐쇄된 공간으로 자리한다. "(일본)군의 존재가 근본적인 문제라고 하더라도 군과 주민 사이에 암묵적인 합의가 있었고, 그 결과 주민들이 '보호받지 못하는' 조선인 여성들을 성폭력이라는 사태로 몰고 가는, 식민주의적 위계질서 관계가 조선인과 오키나와인들 사이에 성립"(p.80)된 것이다. 조선인과 같은 트랜스내셔널 서벌턴이라고 명명될 수 있는 오키나와인도 간접적 '성폭력'에 가담하게 되면서 가해의 위치로, 기존의 피해성과 함께 가해성을 동시에 띠게 됨을 볼 수 있다.

저자 오세종이 지적하듯이, "식민지지배, 식민지주의, 오키나와 차별, 민족 차별, 남녀 차별이 모두 합쳐진 것이 오키나와의 '위안소'이며, 조선인 '위안부'라고 할 수 있다."(p.82) 이렇게 볼 때, 트랜스내셔널 서벌턴이라고 할 수 있는 오키나와인, 조선인들이 식민지주의 위계질서 안에서 서벌턴의 계층화, 서열화가 이루어지고, 그 안에서 경멸과 폭력이 행사되면서 서벌턴 안에서도 하위에 놓이는 서벌턴을 생산해내고 있었음을 볼 수 있다.

4. 전후 오키나와의 조선인

일본의 패전 후, 오키나와에서는 조선인 '군부'와 '위안부', 오키나와인, 일본군이 수용소에서 전후를 맞이한다. 조선인 '군부/ 위안부'는 야카수용소로 집결하게 된다. 100~3,000명 정도로 추정되는데, 그 숫자를 헤아리기가 쉽지 않은 듯하다. 여기에 위안부임을 밝힌 배봉기도 수용되었다. 미군 점령 후의 야카수용소 관련 증언에 따르면, 일본인, 오키나와인, 조선인으로 구분되어 수용되는 한편, 조선인, 오키나와인, 일본인 순으로 식민지주의 위계질서에 변화가 생기게 된다. 조선인 중에는 일본인 병사에서 조선인으로 되돌아가며 자신의 '정체성'을 되찾는 경우도 발견된다. 일본군 안에서 부하들이 상관을 폭행하거나, 조선인에게 보복성 구타를 당하는 사례도 보인다.

그렇다고 해서 조선인들에게 '해방'이 찾아온 것은 아니다. 당시 수용소 안에서 조선인 '군부'는 전시와 마찬가지로 이번에는 미군에 의해 탄광 등 과중한 육체노동에 차출된다. 「일본 점령 및 관리를 위한 연합국 최고사령관에 대한 항복 이후의 초기 기본 지령」에는 조선인이 '해방 국민'으로, 일본 국민이었던 까닭에 '적국인'으로도 간주되며, 상황에 따라 자의적으로 상반된 입장에 처해졌다. 한편, '위안부'는 어떠한 상황이었을까? 일본인 위안부들이 패전후 미군 위안부가 되는 상황과 같이, 영어가 가능한 조선인 남성에의해 이제는 '일본군 위안부'에서 '미군 위안부'로, 더 나아가 오키나와 남성, 조선인 남성도 성폭력에 가세하면서 오키나와에서 그녀들은 식민지주의적 질서의 가혹한 현실 속에서 '전시'에 이어 '전후'를 살아가게 된다.

더 나아가, GHQ 통치 아래 일본 본토에서는 일본 국적의 타이완인, 조선인이 외국인으로 분류된다. 1950년 한국전쟁 이후 재일조선인에 의한 재일조선인연맹(조련)이 결성되고 민족교육이 강화되면서, 재일조선인은 공산주의 사상에 물든 '파괴활동분자'로 간주되며 미국, 일본, 한국에서 위험한 존재로 부상한다.

오키나와에서도 '출입역관리령'에 의해 류큐주민/ 비류큐인으로 분류하고, 1954년 2월 개정된 '류큐 열도 출입관리령'에 입각하여 류큐주민/ 비류큐인/ 무국적자로 구별하면서 조선인은 무국적자로 전락한다. 따라서 전후 '군부/ 위안부' 대부분은 전시와 마찬가지로 존재가 비밀에 부쳐지거나, 이름이 밝혀지지 않는 불가시화된 상황에 놓인다. 왜냐하면 오키나와 내부로부터 타자로서 차별을 받지 않을까하는 두려움이 계속 존재했기 때문이다. 미군의 점령통치 아래에서도 '그/ 그녀들'은 대부분 법적으로 무국적자, 무호적자로 존재했다. 이것이 밝혀지면 처벌과 차별에 내몰리기에 불가시화되는 선택을 취하게 된 것이다. 일본에서 처음으로 '위안부'임을 고백한 배봉기 또한 존재하지만 드러나지 않는 불가시화된 존재, 불법재류자로 살아왔다. 하지만 노년이 되어 국가 일본의 원조를 받아야만 살아갈 수 있는 상황에서 1975년 특별재류자격 취득 신청을 하게 되고, 어쩔 수 없이 위안부임을 밝히게 되면서 가시화된 인물이다.

5. 오키나와 내 저항을 통한 주체화의 가능성 모색

1950년 2월 반공주의자 이승만 대통령은 일본을 방문하여, 식민지지배에 대한 책임을 묻기보다 반공을 통한 협력을 강조하는 한편, 오키나와의 시정권 반환도 반대한다. 이는 오키나와의 시정권이 일본으로 반환되면 오키나와에서 미군이 철수하게 되어 한국이 공산주의화 되는 우려에서이다. 1953년 11월 오키나와를 방문한 리처드 닉슨 부통령도 '공산주의의 위험이 존재하는 한, 미국은 오키나와를 보유'(中野 好夫 外(1976)『琉球戰後史』, 岩波文庫, p.59)할 것이라고 언급하는 등, 오키나와는 공산주의에 맞서는 반공의 방파제이자 평화의 거점으로 거듭난다. 이러한 반공 이데올로기의 자기장 안에서 오키나와는 가해성을 띠게 된다. 그 예가 바로 미국의 베트남 침략전쟁이다. 베트남 사람들에 의해 '악마의 섬'이라고 불리는 계기가 되고, 평화의 거점이 아니라 미국의 군사식민지화되면서 전쟁의 섬으로 전락하게 된 것이다. 이 시기 오키나와현조국복귀협의회의 복귀운동은 반제국, 반식민지, 반미, 반전, 반기지라는 기치 아래 미국의 제국주의에 저항하며 피해/가해에서 벗어나고자 한다. 이러한 맥락에서 오키나와는 한일조약도 반대하는데 미국, 일본, 한국이 하나의 한미일 군사동맹으로 오키나와를 침략전쟁의 섬으로 삼는 것에 대한 저항이었다. 저항하는 오키나와인들은 공산주의자로 낙인찍혀 탄압을 받게 된다. 오키나와는 아시아・아프리카 인민연대회의에서 한일회담 반대, 미국 제국주의와 일본 종속 세력과의 투쟁을 호소하는 한편, 베트남 인민과의 헌신적인 연대를 주장한다. 그렇듯 오키나와는 베트남, 그리고 북한 등 제3세계와의 연대를 모색한다.

1966년 1월 27일자『동아일보』에 오키나와의 조선인이 보도된다. 카메라맨 오카무라 아키히코(岡村昭彦)가 취재차 방문한 오키나와에서 우연히 무국적 조선인 이경관, 권복노, 함석윤의 사연을 접하면서 기사화(p.182)된 것이다. 이는 '사회의 낙오자'가 된 불가시화된 오키나와의 조선인이 가시화되는 순간이다. 이경관이 벌이는 무국적 조선인 국적 회복 운동도 언급되었다. 윤기용은 1966년 8월 4일자『조선일보』, 1966년 12월 29일자『경향신문』에는 윤기용이 등장한다. 윤기용은 조선인으로 인정받지 못하는 조선인이 오키나와 본섬에 30명, 낙도에 150여 명 거주한다고 밝힌다. 1960년대 중반 오키나와 주민이 주체가 된 오키나와전쟁 기록운동 관련 증언에도 조선인이 등장, 가시화된다.

한편, 1970년 7월 8일 도미무라 준이치(富村淳一)의 도쿄타워점거사건이 발생한다. 미국인 선교사를 볼모로 도쿄타워전망대를 검거한 사건이다. 1930년 오키나와 모토부초(本部町)에서 태어난 도미무라는 어린 시절 천황의 초상화에 경의를 표하지 않았다는 이유로 초등학교에서 퇴학당하고, 구메섬에서 학살당한 구중회와 친분을 쌓고, 미군이 지인을 살해하거나 여성을 강간하는 장면을 목격(p.212)하기도 한 인물이다. 도쿄타워점거사건을 일으키기 전에도 미국과 일본의 오키나와 차별 규탄과 천황의 전쟁책임을 호소, 황거(皇居) 앞에서 항의 등 불의에 맞서기도 했다.

그는 "오키나와전쟁에 대한 일본정부 및 천황의 책임 부재, 그리고 오키나와 전쟁 이후 미군의 부당한 탄압과 폭행에도 일본정부,

미국민정부(民政府), 류큐정부 모두 처벌과 대책을 내놓지 못하고 있는 상황, 그에 대한 개인의 호소조차 국가권력과 폭력으로 저지당하는 상황에서 도미무라가 마지막 수단으로 선택한 것이 바로 도쿄타워점거였던 것이다."(p.213) 도미무라는 이 사건 현장에 있던 조선인들을 풀어준다. 그 이유는 일본인과 일본 정부의 수많은 고문과 학살을 당한 조선인과 오키나와인이 같은 입장이었다는 점과 구중회와의 친분, 조선인 위안부 하나코와의 만남 등이 작용했기 때문이다. 더 나아가 오키나와인이 조선인을 '조세나'로, 타이완인을 '타이와나'로, 조선인 위안부를 '조센삐'로 부르는 차별을 지적한다. 식민지주의 아래 오키나와인이 조선인, 타이완인을 하위에 위치시키는 가해성도 고발한다. 도미무라는 미국과 일본의 국가권력에 의한 폭력적 가해와 오키나와의 피해뿐만 아니라, 식민지주의 위계질서 아래 오키나와인이 저지른 조선인, 타이완에 대한 가해도 밝히고 있다.

이러한 저항운동으로 말미암아 미국, 일본의 가해성뿐만 아니라 오키나와인과 조선인의 피해성, 그리고 식민지주의 위계질서 속에서 오키나와인의 가해성이 함께 드러나는 한편, 불가시화된 오키나와의 조선인이 역사적 존재로서 가시화되고 있다.

6. 맺음말

본 글은 오세종의 『오키나와와 조선의 틈새에서 : 조선인의 '가시화/ 불가시화'를 둘러싼 역사와 담론』을 중심으로 미국/ 일본/ 한국 그리고 오키나와의 틈새에서 중첩되는 억압적 구조 아래 놓인 오키나와의 조선인에 주목하여 서평을 작성한 것이다.

오키나와(오키나와식 발음 우치나)는 중국의 명·청 왕조와 일본의 에도막부시대 사쓰마번에 조공을 바치는 속국에서 1879년 류큐처분으로 일본의 영토로 편입, 식민지 상태의 오키나와현이 되었다. 일본이 오키나와전쟁에서 미국에 패하면서 오키나와는 미국의 군사 점령지, 1952년 대일강화조약에 의해 군사식민지가 되었다. 1972년 일본에 반환, 복귀가 이루어졌으나 미국이 지배하는 질서를 유지하기 위한 미군 기지의 주둔이 계속되고 있다. 현재 일본보다 미국이 우위에 존재하는 복잡한 중층 지배 구조의 미일 안보 체제 아래의 오키나와는 '기지의 섬', '저항하는 섬'이라는 투쟁과 저항의 역사에서 현재 러시아−우쿠라이나 전쟁으로 촉발해 다시 '전쟁의 섬'이 되지 않을까 하는 불안과 우려를 내재하고 있다.

2023년 9월 11일 제7회 이호철통일로문학상 본상을 수상한 메도루마 슌 작가와의 대화에서, 오키나와 출신 메도루마 슌은 "오키나와 미군 기지에서 출격한 전투기들이 전쟁에 가담하고 있는 상황에서 오키나와 사람들은 싫든 좋든 여기에 가담할 수밖에 없고, 그것을 용인하는 것 자체가 가해자가 되는 것"(『은평시민신문』, 2023.9.13.)이라고 밝히며 오니카와인이 지닌 피해자와 가해자의 이중 구조를 말한다. 오키나와는 일본의 제국주의, 미국의 제국주의를 거쳐, 일본과 미국의 애매한 제국주의, 민주주의와 공산주의의 대치 아래 가해성을 띠고 있다. 신냉전시대의 격화는 이러한 오키나와의 가해성에 대한 우려를 낳고 있다.

212

『오키나와와 조선의 틈새에서』도 오키나와의 피해성과 가해성을 언급하고 있는데, 식민주의적 질서 안에서 오키나와의 서벌턴은 피해성만으로 규정할 수 없는 피해성과 가해성이 복잡하게 얽혀 있음을 확인할 수 있다. 이러한 오키나와의 서벌턴 안에서도 계층화, 서열화가 이루어지면서 하위의 서벌턴을 계속 생산해낼 수 있음을 볼 수 있다. 조선인은 무국적자로 최하위에 위치하는 서벌턴이다. 이는 고정적, 일방적일 것이라는 피해성을 갖는 서벌턴에 대한 이해에 신선한 통찰을 보여준다고 할 수 있다.

본 글에서 살펴본 『오키나와와 조선의 틈새에서』는 최근 한국에서 활발한 재일조선인 연구, 오키나와 관련 연구의 두 접점을 연결하면서 일본/ 한국/ 오키나와/ 미국 그리고 아시아로의 자기장을 넓히는 연구라는 점에서 일독의 가치가 있다고 생각된다.

원고 초출

제1장 일본 천황제 하의 서벌턴 고케쓰 아쓰시

「日本天皇制下のサバルタン」『일본연구』98권, 한국외국어대학교 일본연구소, 2023년 12월

제2장 일본 Nation Building의 탈구축 오카모토 마사타카
비(非) 야마토 민족 서벌턴의 주체화 시도에 주목하면서

「일본 Nation Building의 탈구축－비(非) 야마토 민족 서발턴의 주체화 시도에 주목하면서－」『일본연구』98권 , 한국외국어대학교 일본연구소, 2023년 12월

제3장 정치적 주체의 불/가능성 김경희
오키나와 서발턴의 '자기 결정권'

「정치적 주체의 불/가능성 －오키나와 서발턴의 '자기 결정권'－」『일어일문학연구』126권, 한국일어일문학회, 2023년 8월

제4장 改名으로 본 在日 트랜스내셔널 서벌턴의 삶 문명재

「改名으로 본 在日트랜스내셔널 서벌턴의 삶」『일어일문학연구』124권, 한국일어일문학회, 2023년 2월

제5장 일본 유아교육에서의 ICT 교육과 휴머니티 김경옥
서벌턴 측면에서의 고찰

「일본 유아교육에서의 ICT 교육과 휴머니티－서벌턴 측면에서의 고찰－」『일어일문학연구』121권, 한국일어일문학회, 2022년 5월

216

저자약력

고케쓰 아쓰시(纐纈厚) 일본 메이지학원대학 특임교수

오카모토 마사타카(岡本雅享) 일본 후쿠오카대학 인문사회과학부 교수

김경희 국립순천대학교 일본어일본문화학과 부교수

문명재 한국외국어대학교 일본언어문화학부 명예교수

김경옥 한국외국어대학교 일본연구소 학술연구교수

이권희 단국대학교 자유교양대학 초빙교수

오성숙 한국외국어대학교 일본연구소 전임연구원

이 저서는 2022년 대한민국 교육부와 한국연구재단의 지원을 받아 수행된 연구임(NRF-2022S1A5C2A02092312).

일본사회의 서벌턴 연구 7
동아시아 트랜스내셔널 서벌턴의 주체화

초 판 인 쇄　2024년 06월 21일
초 판 발 행　2024년 06월 28일

저　　　자　고케쓰 아쓰시 · 오카모토 마사타카 · 김경희
　　　　　　문명재 · 김경옥 · 이권희 · 오성숙
발 행 인　윤석현
발 행 처　제이앤씨
책 임 편 집　최인노
등 록 번 호　제7-220호

우 편 주 소　서울시 도봉구 우이천로 353 성주빌딩
대 표 전 화　02) 992 / 3253
전　　　송　02) 991 / 1285
홈 페 이 지　http://jncbms.co.kr
전 자 우 편　jncbook@hanmail.net

ⓒ 고케쓰 아쓰시 외 2024 Printed in KOREA.

ISBN 979-11-5917-248-9　94300　　　　　정가 15,000원
　　　979-11-5917-211-3　(set)